Rugby

em Cadeira de Rodas

Rugby

em Cadeira de Rodas

– Fundamentos e Diretrizes –

Mateus Betanho Campana

José Irineu Gorla

(Organizadores)

Coleção Educação Física e Esportes

São Paulo, 2014

Rua Treze de Maio, 596
CEP: 01327-000
Bela Vista – São Paulo – SP
Tel./fax: (11) 3141-1033
Site: www.phorte.com.br
E-mail: phorte@phorte.com.br

CIP-BRASIL. CATALOGAÇÃO NA PUBLICAÇÃO
SINDICATO NACIONAL DOS EDITORES DE LIVROS, RJ

R866

Rugby em cadeira de rodas : fundamentos e diretrizes / organização Mateus Betanho Campana , José Irineu Gorla. - 1. ed. - São Paulo : Phorte, 2014.
232 p. : il. ; 23 cm. (Educação física e esportes)

Inclui bibliografia
ISBN 978-85-7655-502-5

1. Educação física para deficientes - Brasil. I. Campana, Mateus Betanho. II. Gorla, José Irineu. III. Série.
14-09986 CDD: 796.0196
CDU: 796.011.3

ph0823.1

Este livro foi avaliado e aprovado pelo Conselho Editorial da Phorte Editora.
(www.phorte.com.br/conselho_editorial.php)

Impresso no Brasil
Printed in Brazil

Para Angela.

Mateus Betanho Campana

Para minha família.

José Irineu Gorla

Agradecimentos

Ao CNPq, que financiou minha pesquisa acadêmica; à Associação Brasileira de Rugby em Cadeira de Rodas, por toda a vivência que pude ter com a modalidade em todos esses anos; ao Comitê Paralímpico Brasileiro, por todo o apoio dado ao *Rugby* em Cadeira de Rodas brasileiro.

Agradeço, também, a todos os atletas e demais profissionais que atuam nos clubes brasileiros e que fazem do *Rugby* em Cadeira de Rodas uma grande família, dividindo frustrações e angústias, mas, acima de tudo, experiências, alegrias e realizações.

Mateus Betanho Campana

Um trabalho, ou uma pesquisa, necessita de uma equipe. Assim, agradeço a todos: equipe de *Rugby*, à qual propiciei o desenvolvimento na FEF/Unicamp; aos colegas e aos alunos do Laboratório de Atividade Motora Adaptada; ao grupo de pesquisa em avaliação motora adaptada Gepama.

José Irineu Gorla

Prefácio

Um olhar pode ser somente um olhar quando a intenção é, então, somente olhar. Todavia, um olhar pode estar cheio de intenções quando a vida presente nele tem sonhos.

A proposta dos organizadores e autores Mateus Betanho Campana e José Irineu Gorla nos dá a oportunidade de continuar aprendendo, já que o *Rugby* em Cadeira de Rodas provoca um novo olhar sobre prática esportiva e deficiência por todos que estão envolvidos na área da Saúde. Os temas que permeiam o meio acadêmico hoje estão centrados nas cientificidades, com valores que transcendem suas áreas de origem. A relevância disso está em considerar a sua capacidade de inovação, o que garantirá novas ações, possibilitando avanços do conhecimento e atualizações do *Rugby* em Cadeira de Rodas em relação às pessoas deficientes e à prática esportiva.

Os organizadores desta obra tiveram a sensibilidade de agregar o máximo de informações científicas que englobam a prática do *Rugby* em Cadeira de Rodas, pois, quando se trabalha com pessoas em condições de deficiência, é praticamente impossível desassociar os resultados obtidos em uma modalidade esportiva do contexto de sua construção e de seu desenvolvimento sem considerar: as condições remanescentes da pessoa deficiente; os desenvolvimentos tecnológicos envolvidos; os conhecimentos científicos relacionados à deficiência; o esporte adaptado como prática sistematizada; as classificações funcionais e esportivas; os princípios que regem as ações técnicas e as táticas da modalidade; as formas de controle; e as políticas estabelecidas para o setor e os atos que compõem as competições esportivas. Sendo assim, essa modalidade não tem início e fim somente em sua prática; ela está centrada em um contexto no qual sua realização é parte de um processo de transformação, de construção, que, por meio das ações, é ampliado a todo instante na vida de seus praticantes.

Essa amplitude requer conhecimento profundo. Somente pessoas que estudam e pesquisam durante um período prolongado podem ousar elaborar uma obra com essa característica. Sabendo dessa importância, os autores fornecem nesta obra uma série de informações com imenso valor acadêmico, que contribuirão muito na formação de novos profissionais e na pesquisa.

Reafirmo que uma obra como esta só pode ser escrita por quem está envolvido com as ações de ensino, pesquisa e extensão, e essa tríade é o dia a dia dos autores envolvidos.

Dessa forma, agradeço o convite para prefaciar esta obra, porque sonhar com dias melhores para todos faz parte de meu olhar.

Paulo Ferreira de Araújo
Professor Titular na Faculdade de Educação Física
da Universidade Estadual de Campinas

Sumário

Introdução

Este livro versa sobre o *Rugby* em Cadeira de Rodas (RCR), um esporte coletivo praticado por pessoas com tetraplegia ou com quadros equivalentes, como sequelas de poliomielite, deformações ou amputações em quatro membros, entre outras.

Criado em 1977, no Canadá, o RCR é praticado por pessoas com lesão da medula espinhal (LME), caracterizadas como tetraplégicas, ou com quadros de tetraequivalência, como alguns tipos de paralisia cerebral, de amputações/deformidades em seus quatro membros, sequelas de poliomielite entre outras (IWRF, 2009). O RCR atende a uma população que não consegue inserir-se em outros tipos de esportes coletivos por apresentarem grandes *deficit* motores.

Atualmente, o RCR é praticado em 25 países e, mundialmente, ocorrem o Campeonato Mundial e os campeonatos regionais, nos quais a seleção de cada país joga com as demais seleções de sua região (Américas, Europa, Ásia e Oceania), e as Paralimpíadas (IWRF, 2013b).

Há, ainda, algumas competições para promover o desenvolvimento do esporte que não somam pontos para o *ranking* mundial. Um exemplo dessas competições é o Maximus Quad Rugby Open, que já teve três edições internacionais: uma na cidade de Bogotá, Colômbia, em 2008, com a participação das seleções dos Estados Unidos da América (EUA), do Canadá, da Colômbia, da Argentina e do Brasil; uma na cidade de Niterói, Rio de Janeiro, em 2009, com a participação das seleções dos EUA, da Grã-Bretanha, da Colômbia, da Argentina e do Brasil; e, em 2013, o Maximus Quad Rugby Open aconteceu na cidade de Guadalajara, México, com a participação das seleções do Brasil, do Canadá, da Colômbia, dos EUA e do México.

Quando tiveram início os trabalhos com o RCR na Faculdade de Educação Física (FEF) da Universidade Estadual de Campinas (Unicamp), buscou-se, na literatura nacional e internacional, material para familiarização com o esporte e com a população que o pratica. Infelizmente, foram encontrados poucos materiais que abordassem informações sobre como iniciar a prática do RCR, quais os princípios norteadores para o desenvolvimento do esporte, tanto na parte técnica quanto na parte tática, quais as principais características desejáveis em um sujeito para que ele se torne um excelente atleta, entre outras questões.

Com a escassez de informações, entrou-se em contato com algumas equipes internacionais para se verificar a existência de algum material que pudesse esclarecer dúvidas iniciais, mas nem mesmo as principais seleções mundiais têm esse tipo de material escrito. O que se tem são informações orais, transmitidas por meio do que se observa no dia a dia dos treinos, ou nos jogos, além do que é vivenciado durante os treinos das equipes.

Neste livro, o leitor terá a oportunidade de conhecer as origens do RCR no mundo e no Brasil; as patologias que tornam uma pessoa elegível para a sua prática; as principais regras a serem aprendidas para se dar início à aprendizagem do esporte; os principais eventos que ocorrem no Brasil e no mundo, e as equipes brasileiras existentes até o momento; os princípios técnicos que devem ser observados e ensinados para que alguém possa jogar o RCR, assim como os princípios táticos de ataque e defesa. Além disso, há capítulos específicos sobre o planejamento dos treinos físicos, a avaliação motora e a classificação dos atletas.

Como o RCR ainda é novo no cenário mundial e, particularmente, no cenário nacional, é repleto de possibilidades, mas necessita de mais pesquisas, inferências e publicações para poder se desenvolver, popularizar-se cada vez mais e se consagrar tanto quanto as outras modalidades esportivas em cadeira de rodas.

Referências

IWRF. *Guide to Classification*. 2009. Disponível em: <http://iwrf.com/Layperson%20Guide%20to%20Classification.pdf>. Acesso em: 11 nov. 2009.

______. *Rankings*. 2013a. Disponível em: <http://www.iwrf.com/rankings.htm>. Acesso em: 24 jan. 2013.

______. *Rugby Calendar*, 2013b. Disponível em: <http://www.iwrf.com/?page=rugby_calendar>. Acesso em: 26 jan. 2013.

1 Lesão da medula espinhal

Mateus Betanho Campana

Edison Duarte

José Irineu Gorla

1.1 Medula espinhal

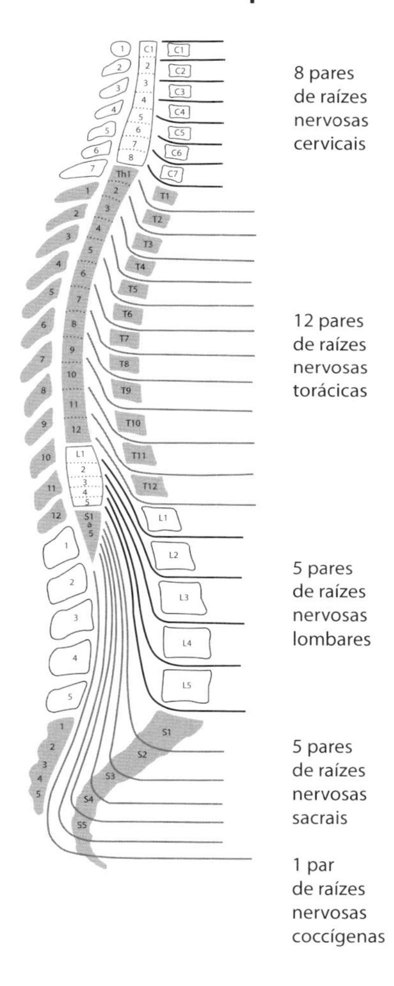

A medula espinhal é a estrutura responsável pela ocorrência da transmissão de impulsos nervosos que partem do sistema nervoso central (SNC) ou chegam a ele. Ela é a continuação caudal da medula oblonga e se estende da região entre a primeira vértebra cervical (atlas) até a primeira ou a segunda vértebra lombar (Guttmann, 1973; Machado, 1986). Da medula espinhal, partem 31 pares de nervos, divididos em anteriores e posteriores, sendo 8 cervicais, 12 torácicos, 5 lombares, 5 sacrais e 1 coccígeo.

Figura 1.1 – Os 31 pares de raízes nervosas do corpo humano.

Fonte: <http://www.sarah.br/paginas/doencas/po/p_08_lesao_medular.htm>.

As raízes nervosas da região cervical saem da medula espinhal praticamente horizontais em relação aos forames vertebrais. As raízes nervosas da região torácica fazem um trajeto oblíquo, ao passo que as da região lombar fazem um caminho praticamente vertical, formando a cauda equina na região mais distal da medula espinhal.

A medula espinhal é dividida em substância branca e substância cinzenta. A substância branca é composta por três funículos: anterior, posterior e lateral. De dentro de cada um desses funículos, saem tratos ascendentes e descendentes, que conduzem impulsos aferentes e eferentes muito variados. A substância cinzenta é o local que contém as células nervosas (ou neurônios) e de que saem os longos axônios neuronais (Guttmann, 1973).

O corpo humano tem territórios cutâneos inervados por fibras de raiz dorsal única, recebendo o nome da raiz que o inerva. Esses territórios são chamados de *dermátomos*. O estudo da localização dos dermátomos é importante para a localização de lesões radiculares ou medulares (Machado, 1986), pois, se a região inervada por um determinado nervo não apresenta reações motoras e sensitivas, isso pode significar o comprometimento desse feixe nervoso.

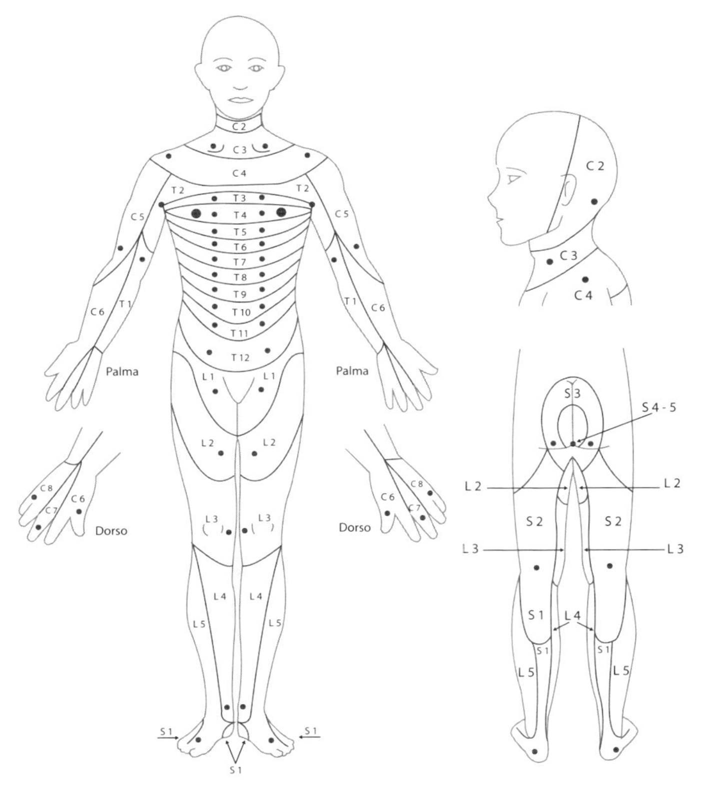

FIGURA 1.2 – Representação dos dermátomos do corpo humano.
Fonte: Casalis, 2007.

Existem, também, as unidades motoras, que são conjuntos constituídos por um neurônio motor com seu axônio e todas as fibras musculares por ele inervadas (as unidades motoras são encontradas somente nos músculos esqueléticos estriados), e as unidades sensitivas, que são os conjuntos de um neurônio sensitivo com todas as suas ramificações e seus receptores (Machado, 1986).

Conforme os textos de Guttmann (1973) e Casalis (2007a), logo depois de um trauma/lesão na medula espinhal, ocorre o chamado "choque medular", um estado transitório de perda de comunicação entre as áreas acima e abaixo do local em que ocorreu o trauma/lesão, representando um desequilíbrio funcional – e não motor – dos neurônios internunciais. O choque medular é caracterizado por:

- vasoplegia;
- alterações no controle da temperatura corporal;
- arreflexia vesical;
- arreflexia intestinal;
- arreflexia genital;
- perda do tônus muscular e da sensibilidade dos miótomos e dermátomos que têm suas inervações provenientes de segmentos medulares no nível ou abaixo do nível do trauma/lesão.

1.2 Etiologia da lesão da medula espinhal

A lesão da medula espinhal (LME) pode ocorrer em virtude de algum tipo de doença congênita ou degenerativa, trauma, infecção, isquemia e compressão por hematoma ou tumor, entre outros, causando um comprometimento na transmissão dos impulsos nervosos, podendo gerar alterações variadas de sensibilidade e de controle motor voluntário e involuntário. Há de se frisar que a etiologia da lesão da medula espinhal não implica em diferenças no quadro da lesão: entre as diversas etiologias, há um compartilhamento de alterações consequentes do tipo de lesão – parcial ou completa – e da altura da lesão – quanto mais cranial a lesão, mais graves são as sequelas (Machado, 1986; Taricco, 2001).

Quando a LME é completa, nenhum impulso nervoso aferente ou eferente consegue ser enviado às regiões inervadas abaixo do local da lesão, devido ao total comprometimento das estruturas internas da medula espinhal. Quando a LME é incompleta, algumas fibras nervosas são preservadas e, assim, parte dos impulsos nervosos é transmitida. As alterações de sensibilidade e controle motor vão depender, principalmente, do local no qual ocorreu a LME e de sua gravidade (Guttmann, 1973; Machado, 1986).

Segundo a literatura, dentre os principais parâmetros para avaliar se a LME foi completa ou incompleta está a classificação proposta pela American Spinal Injury Association (ASIA) em 1997, a Impairment Scale (AIS), revisada em 2011. Essa avaliação leva em conta o segmento mais caudal da medula espinhal, no qual as funções motoras e sensitivas ainda são preservadas nos dois lados do corpo do sujeito (Casalis, 2007a; Greve e De Castro, 2001; Guttmann, 1973).

Para a ASIA, existem:

- *tetraplegia*, que se refere à diminuição ou à perda da função motora e/ou sensorial no segmento cervical da medula espinhal, resultando na diminuição das funções dos membros superiores (MMSS), assim como dos membros inferiores (MMII) e órgãos pélvicos;
- *paraplegia*, que se refere à diminuição ou à perda da função motora e/ou sensorial nos segmentos torácico e lombar da medula espinhal secundários à LME. Na paraplegia, geralmente os movimentos e as sensações dos MMSS são preservados e, dependendo da altura da lesão, o tronco, os órgãos pélvicos e os MMII podem ficar comprometidos.

A ASIA (2011) divide sua classificação em dois parâmetros: nível motor e grau de deficiência. Para a avaliação do nível e da extensão da LME, propõe-se um protocolo extenso, que inclui a avaliação da capacidade de contração muscular dos músculos-chave dos membros superiores e inferiores e do tronco, além da sensibilidade nos dermátomos. O nível motor é convencionalmente avaliado no sentido crânio-caudal por meio da determinação da força muscular residual nos músculos-chave, conforme o Quadro 1.1, a seguir:

Quadro 1.1 – Classificação da ASIA para a avaliação da força muscular dos músculos-chave para determinar o nível motor

0	Ausência de contração muscular.
1	Contração muscular voluntária palpável ou visível.
2	Movimentação ativa em todo o arco de movimento com eliminação da gravidade.
3	Movimentação ativa em todo o arco de movimento contra a força da gravidade.
4	Movimentação ativa em todo o arco de movimento contra resistência moderada.
5	Movimentação ativa em todo o arco de movimento contra grande resistência.
NT	Músculo não testável.

Fonte: AIS, 2011.

Quadro 1.2 – Classificação da ASIA para a avaliação do nível motor e seus músculos-chave

Raiz	Músculo-chave (Membro Superior)	Raiz	Músculo-chave (Membro Inferior)
C5	Flexores do cotovelo	L2	Flexores do quadril
C6	Extensores do punho	L3	Extensores do joelho
C7	Extensor do cotovelo	L4	Dorsoflexores do tornozelo
C8	Flexor profundo do terceiro dedo	L5	Extensor longo do hálux
T1	Abdutor do quinto dedo	S1	Flexores plantares do tornozelo

Fonte: AIS, 2011.

A classificação do nível sensitivo é feita em ambos os lados corporais, mediante estímulo doloroso – com a ponta de uma agulha – e estímulo tátil leve – com algodão – em cada um dos pontos-chave de acordo com a escala do Quadro 1.3, a seguir:

Quadro 1.3 – Graduação da ASIA para a percepção da dor e do tato leve

0	Ausência de sensibilidade.
1	Sensibilidade alterada (hipo ou hiperestesia).
2	Sensibilidade normal.
NT	Não testável.

Fonte: AIS, 2011.

Depois das classificações do nível motor e sensitivo, os sujeitos são classificados em cinco categorias, sendo elas A, B, C, D e E. Apenas a categoria A é considerada completa, conforme o Quadro 1.4, a seguir:

Quadro 1.4 – Classificação da ASIA quanto aos tipos de LME

A (completa)	Ausência de função sensitivo-motora nos segmentos sacrais.
B (incompleta)	Há função sensitiva abaixo do nível de lesão, incluindo os dermátomos sacrais, porém não há função motora.
C (incompleta)	Há função motora abaixo do nível de lesão, incluindo os dermátomos sacrais, e a maioria dos músculos-chave localizados abaixo da lesão tem grau muscular inferior a três.
D (incompleta)	Há função motora abaixo do nível de lesão, incluindo os dermátomos sacrais, e a maioria dos músculos-chave localizados abaixo da lesão tem grau muscular superior a três.
E (incompleta)	As funções sensitivas e motoras são normais.

Fonte: AIS, 2011.

Phillips et al. (1998) e Vanloan et al. (1987) relatam que pessoas com algum tipo de LME têm seus níveis de frequência cardíaca (FC) e volume máximo de oxigênio (VO_2máx) menores que a população que não tem LME. Ainda segundo os autores, quanto mais cranial for a lesão, maior é o comprometimento dos níveis da FC e do VO_2máx dos indivíduos.

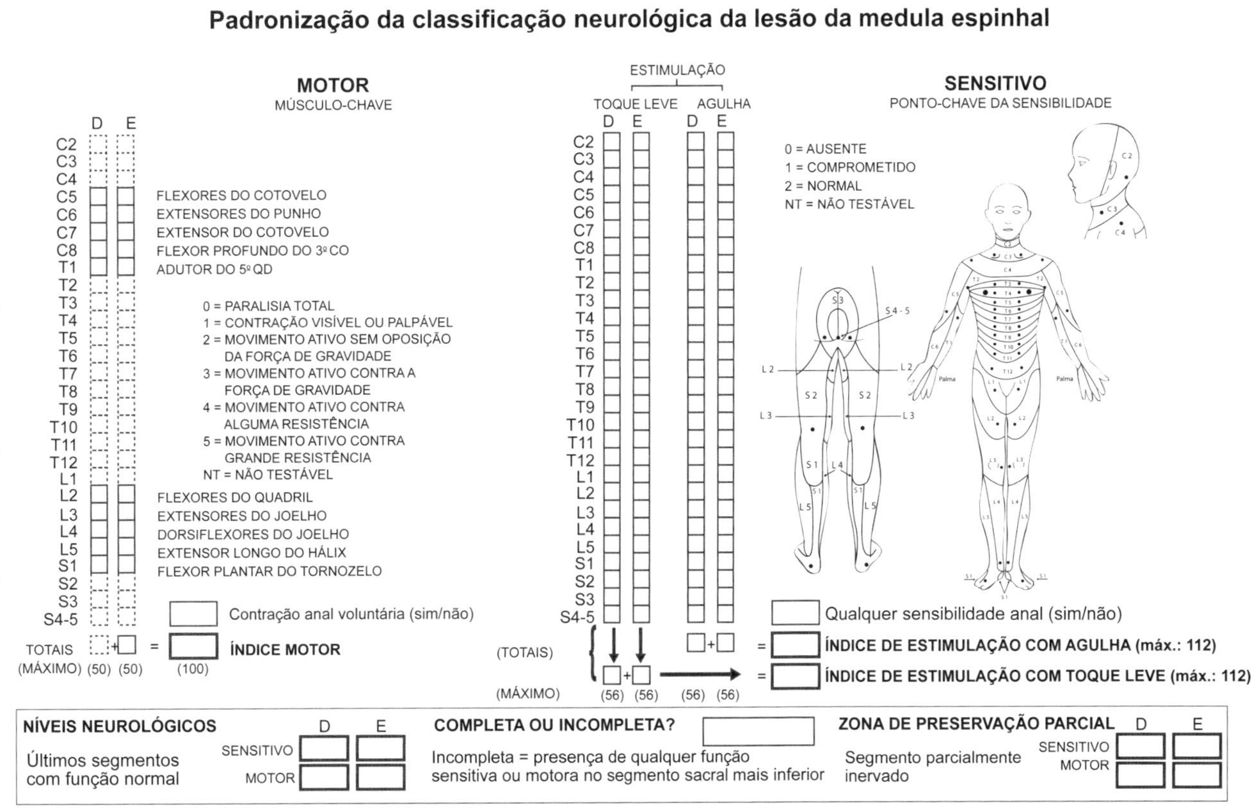

Figura 1.3 – Ficha de classificação da lesão da medula espinhal da ASIA.
Fonte: Greve e De Castro, 2001.

1.3 Epidemiologia da lesão da medula espinhal

Estudar a epidemiologia da LME torna-se importante para a prevenção de sua instalação e de todas as suas consequências, ainda mais quando se pode constatar, por meio da literatura, a faixa etária da população acometida.

- *Panorama da lesão da medula espinhal segundo Ackery, Tator e Krassioukov (2004)*

Em seu estudo, Ackery, Tator e Krassioukov (2004) fizeram uma revisão de literatura sobre a LME nos EUA, Canadá, Europa (Portugal, Itália, Turquia, Alemanha, Reino Unido, Suécia, França), África (Zimbábue, África do Sul), Ásia (Israel, Japão, Bangladesh, Rússia), Austrália e Brasil. Eles constataram que a LME, em números gerais, incide, principalmente, em pessoas com idade entre 20 e 40 anos e é mais comum em homens que em mulheres. A região da coluna mais afetada é a cervical e as principais complicações secundárias são a infecção do trato urinário, as úlceras de pressão, as complicações cardíacas, vasculares, psicológicas e a disreflexia autonômica.

No oeste do Canadá, entre 1997 e 2000, foram registrados 450 novos casos de LME em pessoas com idade média de 35 anos, sendo 2,5 homens para cada mulher. Esses números representam um valor de 52,5 novas LMEs por milhão de habitantes. Desses 450 casos, 54% foram causados por acidentes automobilísticos e 19,1% por quedas.

Ainda segundo os autores, no leste do Canadá, entre 1998 e 2000, foram registrados 58 novos casos de LME. A idade média da população atingida foi de 55,4 anos, com incidência de 2,9 homens para cada mulher, sendo as quedas a principal causa.

Os autores levantaram que nos EUA, entre 1973 e 1998, ocorreram 26.313 novos casos de LME. A idade dessa população variou entre 14 e 34 anos, e houve incidência de 4 a 5,6 homens para cada mulher. Entre as principais causas estão os acidentes com veículos (54,1%) e as quedas (26,8%).

Na Europa, entre 1973 e 1998, ocorreram 27.228 novos casos de LME. A idade dessa população variou entre 26,8 e 50,3 anos e a relação homens/mulheres variou entre 1,6 e 4 casos. Em Portugal, as principais causas foram os acidentes automobilísticos (57,3%) e as quedas (37,4%). Na Itália, a maior causa também foram os acidentes com veículos (58,3%) e os acidentes com quedas (22,6%). Na Turquia, mais uma vez, a principal causa foram os acidentes de trânsito (37,3%), seguida pelas quedas (26,4%) e violência (24%). Na Alemanha, os maiores agentes causadores de novos casos de LME foram o trânsito (38% de acidentes veiculares) e os acidentes de trabalho (14%); em seguida, com 5% das causas, os acidentes esportivos e mergulhos em águas rasas e, por fim, as tentativas de suicídio. No Reino Unido, assim como nos demais países da Europa, 50% das LME foram consequências de acidentes com veículos, 42% de quedas e 7% de acidentes esportivos. Na Suécia, entre os anos pesquisados, 45,6% das causas de LME foram os acidentes de trânsito, 37,1% as quedas, 4% a violência e 3,1% as tentativas de suicídio. Na França, a maior causa das lesões foi o trânsito (57,9%); em seguida, os acidentes esportivos (22,3%) – que incluem os mergulhos em águas rasas – e, por último, as quedas (3,3%).

Na África, entre 1988 e 1994, 752 pessoas com idade entre 20 e 40 anos sofreram LME. A relação entre homens e mulheres com LME ficou entre 4 e 8,1. O Zimbábue apresenta as seguintes causas de novos casos de LME: 56% das causas são os acidentes de trânsito – incluindo-se aqui os acidentes com bicicletas e carroças –, 15% referem-se à violência, e as quedas de árvores somaram 11%. A África do Sul apresentou os seguintes valores: 56% dos casos foram consequência da violência, 25%, do trânsito e 2,5%, das quedas.

No continente asiático houve, entre 1952 e 1995, 3.358 casos de LME, nos quais a idade das pessoas variava entre 10 e 48,5 anos. A relação de LME/milhão de habitantes ficou entre 29,7 e 39,4 casos, e, para cada mulher, há de 3,1 a 7,5 homens. No caso específico de Israel, 32,8% dos casos de LME, entre os anos de 1952 e 1995, foram causados por acidentes de trânsito. No Japão, a maior causa nesse mesmo período foi o trânsito e, em seguida, as quedas (44,6% e 41%, respectivamente). Em Bangladesh, 63% das causas foram as quedas e 18% os acidentes veiculares. Na Rússia, 37,3% foram causadas por quedas, 32,9% pelos esportes e mergulhos em águas rasas, 25,1% por acidentes com veículos e 3,1% pelas tentativas de suicídio.

Na Austrália, houve 265 casos de LME entre 1998 e 1999. A idade dos novos casos ficou entre 15 e 24 anos. Houve uma média de 14,5 de casos de LME por milhão de habitante, e 3,2 homens para cada mulher. A principal causa foi o trânsito, com 43% dos casos e, em segundo lugar, as quedas, com 31% das causas.

- *Panorama da lesão da medula espinhal segundo Wyndaele e Wyndaele (2006)*

Em um estudo conduzido na Bélgica em 2006, Wyndaele e Wyndaele observaram que as pessoas com LME, com idade entre 25 e 34 anos, tiveram um tempo médio de sobrevida predito em 38 anos, com 43% dos casos chegando a pelo menos 40 anos de sobrevida. Nesse estudo, os autores revisaram dados sobre a incidência e a prevalência da LME em vários países do mundo, por meio de uma busca na base de dados PubMed com os temas *epidemiology of spinal cord injury*[1] (809 artigos), *prevalence of spinal cord injury*[2] (1.123 artigos) e *incidence of spinal cord injury*[3] (889 artigos), a partir de 1º de janeiro de 1995. A busca dos autores encontrou apenas dois artigos que tratavam da prevalência da LME, que variou entre 280 e 681 sujeitos com LME por milhão de habitantes.

Para demonstrarem a evolução da LME, os autores conseguiram constatar que, em 1975, havia uma incidência de apenas 13 novos casos por milhão de habitantes por ano e uma prevalência de 110 casos por milhão de habitantes. Em 2005, foram encontrados 83 novas LME por milhão de habitantes por ano e a incidência foi de 110 para 775 casos de LME por milhão de habitantes.

[1] Epidemiologia da lesão de medula espinhal.

[2] Predomínio de lesão de medula espinhal.

[3] Incidência de lesão de medula espinhal.

Outro dado encontrado pelos autores foi a maior incidência de quadros de paraplegia consequentes de LME, variando entre 42,68% e 91,3% dos casos. As tetraplegias variaram entre 8,7% e 57,32% dos casos. A incidência de LME completa variou entre 40% e 52,1% dos casos e as incompletas variaram entre 47,9% e 60% dos casos.

Ainda em seu estudo, os autores avaliaram que a idade da população analisada variou entre 15 e 50 anos e que a relação entre homens e mulheres com LME ficou entre 2,5 para 1 e 5,8 para 1.

- *Panorama da lesão da medula espinhal no Brasil*

No Brasil, a epidemiologia da LME segue a ordem de grande parte dos países já mencionados. Segundo o trabalho de Campos et al. (2008), as principais causas nacionais são as quedas em geral (40%), os acidentes automobilísticos (25%), quedas de laje (23%), ferimentos com armas de fogo (7%), mergulhos em águas rasas (3%) e agressões (2%). Dentre as pessoas com LME, 40% têm idade inferior a 30 anos e 86% são homens, predominantemente jovens.

O estudo de Mello et al. (2004), que coletou dados entre os anos de 2001 e 2003 no Serviço de Neurocirurgia do Hospital Santa Isabel (Blumenau-SC), demonstra que a idade média das pessoas quando sofreram a LME foi de 40,5 anos, sendo que 80,4% são homens e 19,6% são mulheres. Segundo os autores, as quedas foram a causa de 50% das lesões e o trânsito, de 40,2% delas. Os segmentos da coluna espinhal mais afetados foram C3-C7 (23%) e T12-L1 (34%).

De acordo com o levantamento feito no Brasil por Masini (2001), estima-se que 11.304 novos casos de LME ocorram por ano (71 LMEs por milhão de habitantes), o que corresponderia a cerca de 942 novos casos por mês. Ainda segundo esse estudo, a idade média no momento da LME é de 30,4 ± 15,5 anos e a incidência seria de nove homens para cada mulher.

O estudo de Masini (2001) ainda dividiu o número de LME por regiões do Brasil e demonstrou que, por ano, a região Norte – que tinha por volta de 11,6 milhões de habitantes à época – teria pouco menos de

590 novos casos por ano; o Centro-Oeste, com cerca de 10,6 milhões de habitantes quando o estudo foi conduzido, corresponderia a 840 casos; o Sul – com pouco menos de 24 milhões de habitantes à época – teria uma média de 876 casos; o Nordeste – com cerca de 46 milhões de habitantes nesse período – registraria uma média de 4.200 novos casos de LME; o Sudeste, a região mais populosa do país, com pouco menos de 68 milhões de habitantes à época, teria o maior número casos, chegando a 4.800. Os principais fatores para a instalação do quadro crônico de LME seriam o trânsito (30%), os mergulhos em águas rasas (21%), as quedas (20%), os ferimentos por armas de fogo (12%) e os esportes (2%). Causas que não podem ser classificadas ou são desconhecidas somam 15% dos casos.

O estudo feito por Campos da Paz et al. (1992) coletou dados em 36 hospitais da rede pública em seis capitais e no Distrito Federal. Participaram do estudo 23% dos hospitais da rede pública nacional e os autores verificaram que foi de 3,9 para 1 a relação entre homens e mulheres com LME.

Dentre os dados obtidos, Campos da Paz et al. (1992) detectaram que, dos 158 pacientes com LME envolvidos no levantamento, 68% eram medulares ou vertebrais traumáticas, 19% medulares ou vertebrais sem comprometimento neurológico e 13% medulares ou vertebrais por causas não traumáticas – como tumores e tuberculose. A idade da população que os autores estudaram variou entre 6 e 56 anos, e a maioria (76%) tinha idade entre 11 e 40 anos.

Ainda segundo esse estudo, os acidentes de trânsito representaram 41,7% das causas da LME, os ferimentos com armas de fogo, 26,9%, as quedas de alturas, 14,8% (23% dessas quedas foram inferidas como acidentes de trabalho), os mergulhos em águas rasas 9,3% e em 17 casos (15,7%) não foram informadas as causas (Campos da Paz et al., 1992).

As LMEs completas representaram para o estudo desses autores 87% dos casos, sendo 64,9% paraplegias e 35,1% tetraplegias. As principais complicações clínicas observadas por eles foram as úlceras de pressão, com 54,1%, e as urinárias, representando 32,9%.

1.4 Alterações decorrentes da lesão da medula espinhal

Guttmann (1973, p. 1) já dizia que

> medula espinhal não é apenas um meio de transmitir impulsos nervosos e mensagens do cérebro para o corpo e do corpo para o cérebro, mas também é um centro nervoso com seus próprios territórios, controlando funções vitais como os movimentos voluntários, a postura, a bexiga, o intestino, as funções sexuais, assim como a respiração, a regulação térmica e a circulação sanguínea. Portanto, uma divisão ou um severo trauma ou doença sempre resulta em uma grande incapacidade do lado onde houve a lesão e para baixo dela. (Tradução dos autores.)[4]

As principais alterações decorrentes da LME são as que seguem.

1.4.1 Estilo de vida

Muitas vezes, a pessoa com LME adota um estilo de vida sedentário por opção ou por ter dificuldade em encontrar pessoas, lugares e equipamentos adequados para a prática de atividade física. Em muitos casos, a atrofia muscular é tamanha que chega a ponto de tornar o exercício físico ineficiente (Ares e Cristante, 2007; Frontera, Dawson e Slovik, 2006; Kocina, 1997; Sampaio et al., 2001). Esse sedentarismo pode contribuir para o aparecimento de comorbidades, como aceleração dos riscos de doenças cardiovasculares, obesidade, resistência à insulina, e a síndrome metabólica X – grupo de fatores de risco cardíaco que resultam da resistência à insulina (Frontera, Dawson e Slovik, 2006).

[4] the spinal cord (is) not only as the main transmitter of all impulses and messages from the brain to all parts of the body and vice versa but also as a nerve centre in its own right, controlling vital functions such as voluntary movements, posture, bladder, bowel, and sexual functions, as well as respiratory, heat regulation, and blood circulation. Therefore, a severance or severe injury of the spinal cord, whether caused by trauma or disease, always results in a disablement of great magnitude from the site of lesion downwards.

1.4.2 Úlceras de pressão

As úlceras de pressão são um grande problema para as pessoas com LME e, geralmente, são associadas à baixa ou mesmo à falta de mobilidade corporal, o que ocasiona um excessivo tempo de compressão de uma mesma área, gerando uma diminuição no fluxo sanguíneo e a necrose do tecido. Ocorrem de forma mais frequente nas proeminências ósseas, como calcanhares, maléolos, joelhos, ísquios, sacro, na região trocantérica e, no caso dos tetraplégicos, também podem ocorrer nas regiões das escápulas, nos cotovelos e na região occipital.

Elas devem ser evitadas por meio da movimentação corporal e do uso de órteses, e tratadas tão logo apareçam até serem curadas (Cristante, 2007; Freed, 1984; Frontera, Dawson e Slovik, 2006; Yamauti, 2001).

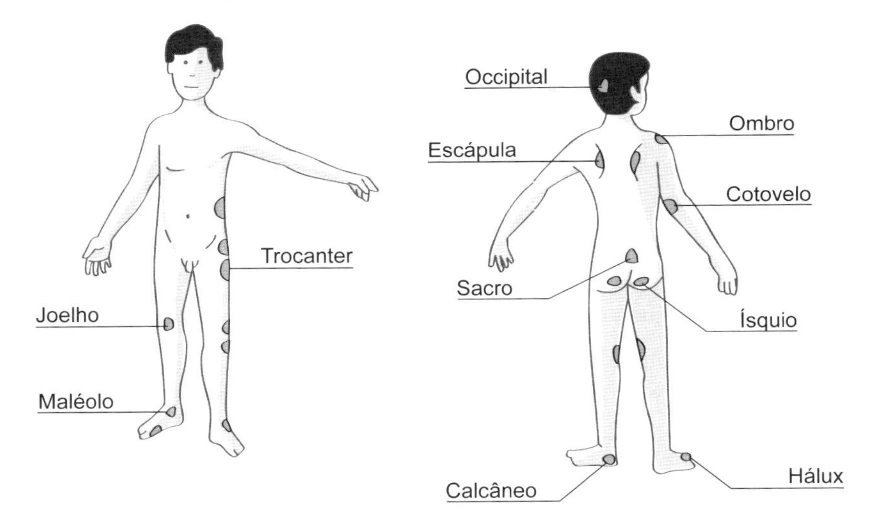

FIGURA 1.4 – Representação dos locais mais suscetíveis às úlceras de pressão.
Fonte: Casalis, 2007.

As úlceras de pressão são classificadas de acordo com a profundidade e estão divididas em (Cristante, 2007; Yamauti, 2001):

- Grau I: acometem só a epiderme.
- Grau II: acometem a epiderme e a porção superficial da derme.
- Grau III: acometem tecidos subcutâneos.
- Grau IV: acometem planos musculares e ósseos.
- Úlceras fechadas: fístulas que atingem os planos ósseos.

1.4.3 Sistema musculoesquelético

O sistema musculoesquelético também pode sofrer alterações decorrentes da LME, como as deformidades ósseas, as ossificações heterotópicas, a osteoporose e a atrofia muscular (Ares e Cristante, 2007; Guttmann, 1973).

Para prevenir e minimizar essas deformidades ósseas, é necessário fazer avaliações frequentes da amplitude articular dos MMSS e MMII, assim como do tronco, e observar possíveis alterações nessas regiões (Ares e Cristante, 2007; Guttmann, 1973).

As ossificações heterotópicas – neoformações ósseas em tecidos moles próximos das grandes articulações – são muito comuns em pessoas com LME e acometem principalmente as articulações do quadril, dos joelhos, dos cotovelos e dos ombros (Ares e Cristante, 2007; Guttmann, 1973).

A osteoporose é decorrente da imobilidade total ou parcial do sujeito, leva a uma grande perda de massa óssea (ou conteúdo mineral) e é mais acentuada no primeiro ano de lesão – variando entre $^1/_3$ e $^1/_2$ da densidade – e, depois desse período, o decréscimo torna-se mais lento. Esse mesmo processo ocorre também nas articulações, com a atrofia das cartilagens articulares e o aparecimento de deformidades (Frontera, Dawson e Slovik, 2006).

Em relação à massa muscular esquelética e ao conteúdo mineral, ocorre diminuição destes, devido à imobilidade total ou parcial das pessoas com LME (Ares e Cristante, 2007; Guttmann, 1973).

1.4.4 Alterações psicológicas

Quando uma pessoa sofre um trauma medular, pode deixar de ser independente e vigorosa para se tornar dependente, indefesa e desamparada.

Para Mendonça (2001, p. 167), grande parte das pessoas com LME apresenta problemas psicológicos em virtude de não aceitar as limitações impostas pela lesão. Ainda, segundo Bracken, Shepard e Webb (1981), Guttmann (1973) e Mendonça (2001), cada pessoa reage de forma única e exclusiva às sequelas da LME, e variáveis, como o gênero, a idade, a etiologia, o nível motor, o tempo de lesão, a profissão exercida anteriormente à lesão, a estrutura familiar, o nível socioeconômico e intelectual, influenciam diretamente os aspectos psicológicos.

A literatura demonstra que as pessoas que sofrem traumas medulares passam por alterações psicológicas de maneira, intensidade e duração variadas, acarretando um ajuste emocional. Esse ajuste emocional tende a levar, em média, entre 18 e 24 meses. O processo de depressão e negação pelo qual um lesado passa, pode fazer que ele se torne uma pessoa difícil de se lidar (Freed, 1984).

É comum que a pessoa com LME fique apática e prostrada, recusando-se a participar dos tratamentos (Guttmann, 1973). Durante essas fases, é de fundamental importância a sensibilidade e a tolerância com a pessoa com LME e com seus familiares, para que o tratamento de reabilitação promova os devidos efeitos (Freed, 1984; Guttmann, 1973).

Para Mendonça (2001, p. 168),

> A reabilitação global tem como principal objetivo direcionar o paciente a passar de uma postura passiva a uma conduta participativa, cuja meta é restaurar, no paciente, sua posição de pessoa útil à sociedade, reestruturando-se de forma plena, objetivando o restabelecimento dos sentimentos de autoconfiança e independência, vistos como perdidos.

Outros fatores desencadeantes dos transtornos psicológicos são a natureza e a magnitude da lesão. Problemas sépticos, como as infecções urinárias e as escaras, também tendem a favorecer esses distúrbios (Bracken, Shepard e Webb, 1981; Freed, 1984; Guttmann, 1973; Mendonça, 2001).

Podem favorecer e, até mesmo, contribuir com o estado psicológico alterado, os efeitos de medicamentos, como a morfina, e a sensação de membros fantasmas. No caso dos tetraplégicos, essa confusão mental também pode ser agravada pelo quadro de insuficiência respiratória devido à paralisia da musculatura respiratória (Bracken, Shepard e Webb, 1981; Guttmann, 1973; Mendonça, 2001).

Didaticamente, Mendonça (2001) considera quatro fases psicológicas pelas quais uma pessoa com LME (ou com algum outro quadro de enfermidade) pode passar. Vale ressaltar que não existe uma ordem exata para a ocorrência dessas fases, podendo o indivíduo com LME transitar por elas infinitas vezes. Estas fases são:

- *Fase do choque*: caracterizada por confusão e desorientação e por uma ausência de ação.
- *Fase da negação*: a pessoa nega a realidade, a sua condição física, e produz expectativas irreais. Em sua busca pela total recuperação, chega, até mesmo, a duvidar e a questionar a competência da equipe médica que a acompanha.
- *Fase do reconhecimento*: geralmente, quando o indivíduo com LME vai para centros de reabilitação, ele se depara com várias outras pessoas em condições semelhantes a sua e isso facilita sua conscientização sobre sua real condição. Durante esta fase, também é comum constantes queixas de dores, períodos de apatia e indiferença, maior agressividade e revolta. Aqui, também podem ocorrer ideias suicidas, consumo de álcool e de outras drogas. Nesta fase, a pessoa com LME apresenta grande necessidade de expressar-se e queixar-se sobre suas dúvidas e medos.
- *Fase de adaptação*: durante esta fase, a pessoa com LME começa realmente a aceitar sua real condição e inicia um processo de ações e atitudes que geram uma reestruturação física, psicológica, emocional, social, profissional, afetiva e sexual.

1.4.5 Disfunção sexual

A função sexual, tanto no homem quanto na mulher, depende de quatro fatores principais (Maior, 2001):

- integridade dos órgãos genitais;
- influência hormonal;
- controle neurológico encefálico e medular; e
- condições emocionais.

Segundo os escritos de Maior (2001), quando ocorre uma LME, seja ela cervical, torácica, lombar ou no cone medular e na cauda equina, há grandes possibilidades de ocorrerem alterações na função sexual do indivíduo lesado. Para a autora,

> A função sexual tem um componente psicógeno subordinado aos impulsos e desejos conscientes, que desencadeiam a ativação de todo o corpo e da área genital, preparando o organismo para a atividade sexual. A interrupção total ou parcial da passagem do estímulo nervoso encefálico para os centros medulares toracolombares (T11 a L2), que medeiam a função sexual, ocasiona a ausência ou prejuízo do controle sexual psicógeno. Ficam impedidas as respostas genitais evocadas por fantasias, lembranças e influência sensorial. (p. 296)

O centro sacral, composto pela região contida entre os segmentos S2-S4, também está envolvido na função sexual. É o centro sacral o "responsável pela recepção das sensações periféricas oriundas das fibras aferentes dos nervos pudendos" (Maior, 2001, p. 296). A partir do centro sacral, os estímulos chegam ao encéfalo e se integram ao segmento suprassegmentar, ativando a função sexual psicógena e reflexa simultaneamente (Maior, 2001).

Nos homens, "o ato sexual consiste em ereção, ejaculação e orgasmo. Indivíduos com LME podem ter ereção, aumento da pressão arterial (PA), da frequência cardíaca (FC) e da frequência respiratória e ter orgasmos, mas a ejaculação não é comum" (Freed, 1984, p. 685). Para o autor, a ereção no lesado medular pode ocorrer por indução, por intermédio de estímulos centrais ou somestésico e local tátil, mas dependerá do nível e do tipo de LME.

Segundo Freed (1984, p. 685), a ejaculação é composta pela emissão seminal e a ejaculação propriamente dita. A emissão seminal depende de uma "ação peristáltica dos canais deferentes, vesículas seminais e próstata, são mediadas através do sistema nervoso simpático". Assim, a ejaculação é o resultado das contrações musculares do assoalho pélvico e dos músculos bulboesponjoso e isquiocavernoso (Freed, 1984).

> Em virtude da ausência da apreciação sensitiva periférica, a experiência do orgasmo está forçosamente alterada no homem com lesão medular espinhal. Números importantes de indivíduos, entretanto, relatam sensações agradáveis na região genital e também em uma área de inervação intacta da superfície corporal acima do nível da lesão [...]. (Freed, 1984, p. 686)

Os homens com LME também encontram dificuldades para engravidar sua parceira, pois, de maneira geral, não há ejaculação e a espermatogênese fica prejudicada por problemas nutricionais, hormonais, neurogênicos, infecções crônicas no trato urinário e também pela possível oclusão dos canais seminais (Tarabulcy, 1972).

Ainda segundo o texto de Freed (1984), para as mulheres, o ato sexual também segue uma ordem, assim como no homem, com a tumescência do clitóris e dos pequenos lábios vaginais, a contração do músculo liso do útero, a contração rítmica do esfíncter vaginal e dos músculos do assoalho pélvico e isquiocavernoso.

Freed (1984, p. 686) diz que, nas mulheres,

> o orgasmo pode ser experimentado como sensação agradável ao nível da demarcação entre sensibilidade intacta e perdida, em vez de vaginalmente; em alguns casos, essa sensação é de localização vaginal.

A mulher que sofreu LME pode apresentar um quadro de amenorreia ou ter ciclos menstruais irregulares de maneira permanente ou transitória. A função reprodutiva, quando não apresenta disfunção na fertilidade, é preservada. O único cuidado mais relevante é durante o trabalho de parto, pois as mulheres com LME entre os segmentos T4-T5, ou acima desses, podem apresentar sintomas de disreflexia autonômica (Freed, 1984).

Quadro 1.5 – Respostas sexuais normais no homem e na mulher

<table>
<tr><th></th><th>Resposta Sexual</th><th>Mulher</th><th>Homem</th></tr>
<tr><td>Ereção Psicógena</td><td>Comandada pelos centros superiores e o centro toracolombar simpático T11-L2: evocação de desejos, sensação prazerosa, lembranças.</td><td rowspan="2">Intumescência do clitóris, dos pequenos lábios e dos grandes lábios, alongamento da porção posterior da vagina e lubrificação vaginal por transudação.</td><td rowspan="2">Intumescência dos corpos cavernosos e do corpo esponjoso peniano (mecanismo neurovascular).</td></tr>
<tr><td>Ereção Reflexa</td><td>Comandada pelo centro parassimpático medular sacral S2-S3-S4.</td></tr>
<tr><td>Emissão</td><td>Comandada pelo centro toracolombar T11-L2 de mediação simpática.</td><td></td><td>Peristaltismo dos canais deferentes, contração das vesículas seminais, da próstata e do colo da bexiga.</td></tr>
<tr><td>Ejaculação</td><td>Comandada pela sinergia dos centros superiores e dos centros medulares T11-L2 e S2-S3-S4.</td><td>Dilatação da porção externa da vagina.</td><td>Expulsão do sêmen por contração dos músculos bulboesponjosos e isquiocavernosos.</td></tr>
</table>

Fonte: Maior, 2001.

1.4.6 Alterações fisiológicas

Para Garstang e Miller-Smith (2007), a medula espinhal é a responsável pela transmissão e regulação dos vários tipos de impulsos, como os impulsos do sistema nervoso somático, que envolve os processos motores e sensitivos, e também pelas incontáveis funções que são subordinadas ao sistema nervoso autonômico (SNA). Para os autores, o SNA desempenha um papel fundamental na regulação de muitos processos fisiológicos mediados pelos centros supraespinhais do SNC e, depois da LME, os danos causados às vias autonômicas que passam pelo canal medular promovem alterações em vários processos controlados pelo SNA.

Garstang e Miller-Smith (2007) dizem que o nível e a extensão da lesão exercem papel fundamental nos desarranjos subsequentes ao trauma. Quando uma pessoa é acometida por uma LME, ocorre uma interrupção – total ou parcial – das vias simpáticas, resultando em vários problemas, como bradicardia, edema pulmonar neurogênico, arritmias, hipotensão e alterações na regulação vascular.

Dentre os vários papéis do SNA, um é a regulação das funções cardiovasculares, como o fluxo sanguíneo coronário, a contração cardíaca, a FC, as respostas vasomotoras periféricas, o fluxo de sangue para os ossos e também para os músculos, os rins e a pele (Garstang e Miller-Smith, 2007; Phillips et al. 1998).

1.4.6.1 Alterações respiratórias

As alterações respiratórias decorrentes da LME são, geralmente, mais graves nos quadros de tetraplegia, devido ao comprometimento das inervações dos músculos respiratórios, responsáveis pelo processo de inspiração e expiração (Ares e Cristante, 2007; Freed, 1984; Frisbie, 2005; Frontera, Dawson e Slovik, 2006; Greve, 2007; Guttmann, 1973; Sitta, Werneck e Manetta, 2001).

As lesões completas que ocorrem acima do segmento T4 acabam comprometendo o nervo frênico, responsável pela inervação do músculo diafragma. As lesões completas que ocorrem entre os segmentos C5 e T1 afetam, de forma variada, a inervação do músculo diafragma e dos demais músculos da respiração. Seja qual for o nível, os músculos acessórios da respiração são comprometidos, o que pode levar a pessoa com LME a um quadro de insuficiência respiratória (Freed, 1984; Guttmann, 1973; Machado, 1986).

O conjunto de músculos que propicia a inspiração é formado pelo diafragma, intercostais externos e os chamados músculos acessórios (escaleno, trapézio e esternocleidomastoideo). O diafragma é responsável, durante a inspiração, por cerca de 40% do volume corrente e por 60% a 75% da capacidade vital. Os músculos intercostais externos são responsáveis por cerca de 60% do volume corrente e entre 25% e 40% da capacidade vital. Esses músculos recebem inervação das raízes nervosas localizadas entre os segmentos T1 e T8. A musculatura acessória é inervada por raízes nervosas craniais e cervicais altas (Guttmann, 1973; Sitta, Werneck e Manetta, 2001).

Os músculos associados ao processo de expiração são os músculos abdominais, inervados por raízes advindas dos segmentos T6 a T12, e os intercostais internos, inervados por raízes dos segmentos T1 a T8 (Freed, 1984; Guttmann, 1973; Sitta, Werneck e Manetta, 2001).

A LME na região cervical alta (C1-C2) tende a paralisar totalmente a musculatura respiratória, sendo necessária uma ação médica para garantir a respiração. Caso não seja providenciada a via aérea avançada na pessoa com LME, e ela não seja colocada rapidamente em um respirador mecânico, pode ocorrer o óbito (Freed, 1984; Guttmann, 1973; Sitta, Werneck e Manetta, 2001).

Nas LME nas regiões cervicais médias (C3-C5), pode haver alguma contração diafragmática residual, que, com a contração da musculatura acessória, pode adiar a instalação de um quadro de insuficiência respiratória, que aparece geralmente entre o terceiro e o quinto dia depois da LME (Greve, Casalis e Barros Filho, 2001; Guttmann, 1973; Sitta, Werneck e Manetta, 2001).

No caso das LMEs que ocorrem nas regiões cervicais baixas (C6-T1), há a função contrátil do músculo diafragma; entretanto, pode ocorrer o quadro de insuficiência respiratória, devido ao acúmulo de secreções nos pulmões, ao aparecimento das atelectasias, à diminuição do volume de reserva expiratório, ao aumento do volume residual pulmonar e ao aumento do trabalho respiratório (Guttmann, 1973; Sitta, Werneck e Manetta, 2001).

Quando a LME ocorre na região torácica alta, a musculatura diafragmática e acessória tem suas funcionalidades normais e a musculatura intercostal pode estar com suas funções normais ou enfraquecidas. Nesse quadro, ainda pode ocorrer insuficiência respiratória devido à dificuldade do organismo em mobilizar as secreções, pelo fato de a musculatura abdominal estar com sua função contrátil comprometida, mas em um grau inferior ao encontrado nos casos de LME na região cervical alta (Freed, 1984; Guttmann, 1973; Sitta, Werneck e Manetta, 2001).

No caso de uma LME na região torácica baixa, os indivíduos podem ter certo comprometimento de sua função respiratória em decorrência da redução da reserva expiratória, uma vez que há a diminuição ou perda da função contrátil da musculatura abdominal; quando a LME afeta os segmentos medulares abaixo de T12, não há prejuízo respiratório (Freed, 1984; Guttmann, 1973; Sitta, Werneck e Manetta, 2001).

Algumas complicações respiratórias comumente encontradas nas pessoas com LME são (Freed, 1984; Guttmann, 1973; Sitta, Werneck e Manetta, 2001):

- *Atelectasia*: colapso dos alvéolos pulmonares, ocorrendo principalmente nas pessoas com baixa reserva pulmonar.
- *Broncopneumonia aspirativa*: ocorre quando a pessoa com LME, por atonia gástrica secundária, aspira o conteúdo gástrico. É uma complicação frequente e grave.
- *Tromboembolismo pulmonar*: complicação comum a todas as pessoas com LME, que acontece quando um trombo formado (devido à trombose venosa profunda) se desloca até os pulmões.

1.4.6.2 Alterações cardiovasculares

Outras alterações importantes que ocorrem com a pessoa com LME são as alterações cardíacas e circulatórias. O coração tem duas estruturas especializadas para gerar impulsos elétricos que levam à contração da musculatura cardíaca. Essas estruturas são o nodo sinoatrial e o nodo atrioventricular. A frequência em que o coração de uma pessoa adulta sadia se contrai e relaxa também sofre influência direta do SNC através das fibras simpáticas (promovem o aumento da atividade cardíaca via três nervos cardíacos cervicais e fibras simpáticas) e parassimpáticas (diminuem a atividade cardíaca através do tronco cerebral) do nervo vago (Netter, 2004).

As alterações cardíacas decorrentes da LME irão depender do tipo e do nível da lesão. Quando a medula espinhal é lesada acima do nível dos ramos parassimpáticos (acima de T1), a inervação simpática do coração (excitatória) provoca uma bradicardia, e a diminuição da média da pressão arterial de repouso fica em 70 mmHg. Essa baixa pressão arterial modifica as habilidades do organismo para regular sua pressão arterial com as mudanças das posições ortostáticas, gerando alterações de estrutura e funcionalidade cardíaca, devido ao retorno venoso prejudicado (Figoni, 1993; Frontera, Dawson e Slovik, 2006; Machado, 1986). O quadro de diminuição da pressão arterial e de bradicardia fica mais evidente nos sujeitos com LME entre C2 e T1 (Frisbie, 2005; Valent et al., 2007).

A trombose venosa profunda e o tromboembolismo pulmonar são duas complicações comuns durante a fase aguda da LME, incidindo em cerca de 80% dos lesados durante as duas primeiras semanas pós-lesão (Ares e Cristante, 2007).

Segundo os estudos de Freed (1984), a trombose venosa profunda e o tromboembolismo pulmonar podem ocorrer devido "a alterações na taxa do fluxo sanguíneo, alterações nas paredes dos vasos e uma alteração na coagulação sanguínea" (p. 690). Segundo o autor, o repouso prolongado também contribui significativamente para o aparecimento da trombose venosa profunda. Freed (1984) também postula que a trombose venosa profunda e o tromboembolismo pulmonar são mais comuns em quadros de lesões medulares completas que em quadros de lesões medulares incompletas e se apresentam, geralmente, no primeiro mês após a lesão.

Outra alteração bastante importante é a hipotensão ortostática, caracterizada pela baixa pressão arterial sistólica (PAS) e pressão arterial diastólica (PAD), devido ao retorno venoso dificultado durante as mudanças de posição corporal. A hipotensão ortostática pode provocar, especialmente nos tetraplégicos, tontura, náuseas, turvação visual, zumbido nos ouvidos, perda da consciência e taquicardia, e, quando esses sintomas aparecem, recomenda-se a elevação lenta do tronco da pessoa com LME e de seus MMII para, dessa forma, facilitar o retorno venoso. Outras possibilidades para a prevenção da hipotensão ortostática é o emprego de faixa abdominal, meias compressivas e o treinamento ortostático (Ares e Cristante, 2007; Freed, 1984; Greve e De Castro, 2001).

1.4.6.3 Disreflexia autonômica

A disreflexia autonômica acomete todas as pessoas com LME, independentemente da lesão ser completa ou incompleta, e é a resposta a um estímulo nocivo abaixo do nível da LME. Os impulsos nervosos oriundos de um local ofensor chegam à porção posterior da substância cinzenta da medula espinhal. Esses impulsos podem iniciar uma cadeia de reflexos segmentares que percorrem a medula espinhal até os neurônios das colunas intermediolaterais da região da medula torácica, promovendo reflexos vasoconstritores autonômicos (Freed, 1984; Jacobs e Nash, 2004).

No caso de uma pessoa com LME, os impulsos nervosos que inibem essa ação reflexa estão bloqueados no nível no qual ocorreu a lesão, fazendo que os reflexos autonômicos fiquem descontrolados (Ares e Cristante, 2007; Freed, 1984; Jacobs e Nash, 2004).

Os principais sintomas da disreflexia autonômica são o aumento da PAS e da PAD, bradicardia, sudorese (quando preservada), cefaleia latejante, piloereção, erupções cutâneas acima do nível da lesão medular, rubor facial e congestão nasal. As principais causas desencadeantes da disreflexia autonômica são a distensão vesical, a impactação intestinal, as úlceras de pressão, as infecções urinárias, os cálculos vesicais, as roupas ou próteses/orteses apertadas e as unhas encravadas (Ares e Cristante, 2007; Freed, 1984).

1.4.6.4 Regulação térmica

As pessoas com LME, especialmente aquelas com lesões cervicais, também sofrem com a regulação térmica. Em um indivíduo sem a LME, no processo de regulação térmica, estão envolvidos tanto as vias aferentes quanto as eferentes, a medula espinhal e o hipotálamo. Quando o corpo precisa produzir ou reter calor, ocorre uma vasoconstrição periférica, tremores, calafrios e aumento do metabolismo basal. No caso da perda de calor, o organismo produz uma vasodilatação e sudorese (Ares e Cristante, 2007).

Nas pessoas com LME, o comprometimento da termorregulação acontece devido à diminuição ou mesmo à cessação dos estímulos simpáticos (responsáveis pela sudorese e pela vasodilatação) e pelo prejuízo do sistema somático (responsável por tremores e calafrios). Assim, a pessoa com LME tende a alternar quadros de hipertermia, em dias quentes, e hipotermia, em dias frios (Ares e Cristante, 2007; Guttmann, 1973).

Tanto o quadro de hipertermia quanto o de hipotermia são preocupantes no sujeito com LME. A hipertermia pode promover confusão mental, convulsões e, em casos extremos, levar a óbito, assim como a hipotermia (Ares e Cristante, 2007; Guttmann, 1973).

1.4.6.5 Disfunção vesical

Segundo Trigo-Rocha et al. (2001), grande parte das complicações no trato urinário superior em pessoas com LME é proveniente de problemas no trato urinário inferior, que compreende a bexiga, a qual armazena e expulsa a urina por meio de sua dilatação e contração, e a uretra, que promove a retenção e a passagem da urina proveniente da bexiga.

O trato urinário inferior é formado por um conjunto de estruturas que estão inter-relacionadas, além da bexiga e dos esfíncteres, com a função de permitir um enchimento e um esvaziamento vesical à baixa pressão, sem perda de urina (Netter, 2004; Trigo-Rocha et al., 2001).

Para que a micção ocorra de maneira normal, Trigo-Rocha et al. (2001) dizem que devem ocorrer processos diferentes, coordenados por eventos neurológicos provenientes do SNC.

O SNC controla o processo de micção por meio de centros localizados na medula espinhal, centros suprapontinos e também por uma vasta rede de nervos periféricos simpáticos, parassimpáticos e somáticos (Netter, 2004; Trigo-Rocha et al., 2001).

Neurônios parassimpáticos localizados na coluna intermediolateral entre os segmentos S2-S4 da medula espinhal promovem a inervação vesical e as fibras pré-ganglionares do nervo pélvico conduzem os estímulos nervosos até os gânglios do plexo pélvico. É a partir do plexo pélvico que as fibras parassimpáticas ganglionares chegam à bexiga (Netter, 2004; Trigo-Rocha et al., 2001).

Segundo Netter (2004) e Trigo-Rocha et al. (2001), partindo dos núcleos da coluna intermediolateral da substância cinzenta, localizados entre os segmentos toracolombares T10-L2, saem as inervações simpáticas aferentes. Essas inervações se dirigem ao plexo hipogástrico superior pré-aórtico e, quando o plexo hipogástrico se divide na região caudal da medula espinhal, forma-se o nervo hipogástrico, que contém os ramos eferentes pós-ganglionares simpáticos, que, por sua vez, comunicam-se com as estruturas do trato urinário inferior. Ainda segundo os autores, os receptores das vias aferentes localizados na bexiga e na uretra chegam ao plexo pélvico e, deste, seguem até a medula espinhal através dos nervos hipogástrico, pudendo e pélvico. Esses três nervos fazem sinapses na medula espinhal com neurônios do corno dorsal.

Ainda segundo Netter (2004) e Trigo-Rocha et al. (2001), a inervação somática é predominante na musculatura estriada do esfíncter uretral e tem origem no corno anterior de pelo menos um segmento da medula sacral. A musculatura estriada do esfíncter uretral é inervada por fibras somatomotoras da região S2-S4 através dos nervos pudendos. Assim, ocorre, predominantemente, uma inervação periférica parassimpática na bexiga e uma inervação simpática no colo vesical e em seu esfíncter interno, formado por musculatura lisa.

As atividades vesicais e esfincterianas são controladas pela medula espinhal, sendo a inervação eferente – motora – feita através dos nervos periféricos ligados aos gânglios periféricos. A micção, por sua vez, é controlada pelo centro pontino de micção (CPM) que fica localizado na substância pontino-mesencefálica. Os motoneurônios da bexiga, localizados na medula espinhal, usam em seu trajeto final o CPM (Netter, 2004; Trigo-Rocha et al., 2001). Para Trigo-Rocha et al. (2001),

> Em circunstâncias normais, a micção depende de um reflexo espinhobulbo-espinhal liberado pelo CPM. Este recebe influências do córtex cerebral, cerebelo, gânglios da base, tálamo e hipotálamo (influências suprapontinas), em sua maior parte inibitórias. [...] O ciclo miccional (enchimento vesical/armazenamento e esvaziamento vesical) depende da integridade nervosa em níveis periférico, medular e superior. A distensão da bexiga leva a uma ativação progressiva dos nervos aferentes vesicais. Tal ativação é acompanhada pela inibição reflexa da bexiga através do nervo hipogástrico e simultânea estimulação do esfíncter externo via nervo pudendo. O CPM é continuamente monitorizado a respeito das condições de enchimento vesical, mantendo sua influência inibitória sobre o centro medular sacral, que inerva a bexiga e liberando progressivamente a ativação do esfíncter externo. Após alcançar um nível crítico de enchimento vesical e sendo a micção desejada naquele momento, o CPM interrompe a inibição sobre o centro sacral da micção (através das vias parassimpáticas), que ativa a contração vesical através do nervo pélvico. Ao mesmo tempo, influência inibitória é transmitida através dos nervos hipogástrico e pudendo, relaxando os mecanismos esfincterianos e garantindo a coordenação da micção. (p. 271)

A vontade de urinar é, geralmente, precipitada pelo aumento do volume vesical, dando início a uma contração reflexa da bexiga e um relaxamento dos esfíncteres. Assim, o ato de urinar, em condições fisiológicas, pode ser definido como uma potente resposta reflexa, coordenada pelo segmento da medula espinhal, à distensão da parede vesical, quando o volume desta atinge seu limiar fisiológico e provoca a vontade de urinar (Guttmann, 1973).

Segundo Guttmann (1973), durante o sono, quando o mecanismo consciente que indica a distensão vesical está suprimido, os impulsos aferentes da distensão vesical podem ser fortes o suficiente para fazer a pessoa acordar.

Nos estudos de Guttmann (1973), observa-se que, durante os estágios iniciais da LME, tanto para as lesões completas quanto para as incompletas, não importando seu nível, toda a comunicação entre o centro de reflexo vesical da medula e os centros cerebrais inibitórios é interrompida. Para ele,

> Nesse estágio há uma depressão e um desequilíbrio da atividade reflexa do feixe específico para todos os estímulos aferentes e eferentes. Como resultado, toda função voluntária ou reflexa da bexiga é perdida. Não há vontade de urinar e a bexiga não responde mais à distensão para uma contração reflexa. (p. 321)

A bexiga torna-se flácida, como toda a musculatura esquelética afetada pela desenervação, e, posteriormente, a musculatura da bexiga retoma a retenção de urina, que só é perdida/liberada quando o volume vesical estiver muito elevado e a pressão interna da bexiga conseguir vencer a contração do esfíncter urinário. Essa retomada da retenção de urina acontece pela inervação interna autonômica e da elasticidade intrínseca da musculatura vesical (Guttmann, 1973).

1.4.6.6 Disfunção intestinal

A literatura indica que o primeiro sintoma intestinal depois de uma LME na região torácica alta e cervical é a paralisação do peristaltismo e, consequentemente, a retenção do bolo fecal. O estômago também pode ser afetado, ficando dilatado, o que aumenta a dificuldade respiratória, como também podem ocorrer úlceras hemorrágicas no estômago e no duodeno (Guttmann, 1973).

Assim como o que ocorre com a bexiga, a pessoa com LME perde a vontade de evacuar e o controle esfincteriano; posteriormente, pode ocorrer uma retenção total do bolo fecal, necessitando-se reaprender a esvaziar o intestino com manobras manuais ou com o uso de medicamentos (Guttmann, 1973).

O cólon – que apresenta movimentos peristálticos – tem como função absorver a água, o sódio, as vitaminas e os minerais do bolo fecal em trânsito. As raízes sacrais S2 a S4 inervam o reto através dos nervos pelvicoesplênicos e o canal anal sofre ação proximal de fibras simpáticas das raízes T11 a L2. Os esfíncteres anais são inervados pelos nervos pudendo, originados das raízes S2 a S4 (Ares, 2001; Cristante, 2007).

Para Ares (2001) e Cristante (2007), os reflexos de armazenamento e esvaziamento retal e anal são coordenados pela medula espinhal e pela cauda equina, através de centros localizados entre T11-L2 e S2-S4. Assim, quando o bolo fecal preenche o espaço retal, ocorre a contração do reto e um relaxamento de seu esfíncter interno. Esse evento é interpretado pelo córtex sensitivo, que promove a contração de todo o cólon e o relaxamento ou a contração do esfíncter anal externo.

Ares (2001, p. 293) afirma que

> Quando existe disfunção no neurônio motor superior, o enchimento retal provoca relaxamento em ambos os esfíncteres anais. Assim, a defecação deve ocorrer através do efeito de massa mediado pela atividade dos plexos mioentéricos do cólon, bem como por efeitos mecânicos ou químicos impostos à mucosa retal.

> Já na lesão do neurônio motor inferior a denervação do esfíncter externo é acompanhada do relaxamento do esfíncter interno quando acontece o enchimento retal. Desse modo a defecação é possível pela ação dos plexos mioentéricos desencadeada pela distensão retal.

Nos casos agudos de LME, o ílio pode se apresentar paralisado ou adinâmico, podendo levar a uma distensão abdominal ou a uma dificuldade em respirar (Ares, 2001).

As principais queixas das pessoas com LME a respeito dos distúrbios intestinais são a incontinência fecal, a dificuldade para evacuar e a necessidade de estímulo de um acompanhante, por meio do toque retal, para que o esvaziamento fecal seja eficiente (Ares, 2001; Cristante, 2007).

1.4.6.7 Alterações metabólicas

No capítulo "Lesões traumáticas e congênitas da medula espinhal", escrito por Freed no livro *Krusen: Tratado de Medicina Física e Reabilitação* (1984), o autor discorre sobre a atrofia muscular e a desmineralização óssea devido ao repouso prolongado. O autor continua, em seu texto, dizendo que, no caso de indivíduos com LME, o quadro torna-se mais grave nas áreas abaixo da lesão, principalmente nas estruturas ósseas, tornando-os pessoas mais suscetíveis a traumatismos.

O autor também afirma que a hipercalcemia – que é o aumento das taxas de cálcio no sangue – ocorre principalmente nos adolescentes com LME, em decorrência de um desequilíbrio entre as atividades osteoblásticas e osteoclásticas, nas quais a atividade osteoclástica com reabsorção óssea é maior e a quantidade excessiva de cálcio não é adequadamente eliminada pelos rins.

Além disso, Freed (1984) afirma que as manifestações clínicas de anorexia, náuseas, mal-estar, cefaleia, polidipsia (aumento desproporcional da sensação de sede), poliúria (eliminação exagerada de urina) e letargia são observadas com maior frequência entre quatro e oito semanas depois do trauma medular.

Para Rodriguez, Benzel e Clevenger (1997), depois de um grande trauma, ocorre uma resposta metabólica ao estresse. Essa resposta metabólica se reflete num hipermetabolismo e num hipercatabolismo, ocorrendo grandes aumentos na eliminação de nitrogênio na urina, no catabolismo total de proteínas corporais e no gasto energético. As respostas metabólicas aos traumas severos são complexas e, no caso das LME inicialmente se observa um balanço de nitrogênio negativo, com maior perda de nitrogênio na urina, e um aumento do gasto energético. O tempo de ajuste desse hipermetabolismo pode variar entre uma e três semanas e é evidenciado pela normalização do balanço de nitrogênio.

Em pessoas que sofreram graves traumas sem danos à medula espinhal, geralmente o balanço de nitrogênio mantém-se negativo nas duas primeiras semanas depois do trauma, normalizando-se após esse período. Já em pessoas que sofreram uma LME, o balanço de nitrogênio mantém-se negativo por um longo período de tempo, provavelmente pela desenervação da massa muscular magra (Rodriguez, Benzel e Clevenger, 1997). A rápida resposta metabólica nas pessoas com LME é, provavelmente, influenciada pelo hipermetabolismo relacionado à lesão, bem como às necessidades energéticas menores devido à paralisia.

Outros aspectos metabólicos levantados pelos autores são a perda de massa corporal magra, a diminuição acentuada do uso de substratos e a diminuição das atividades metabólicas (Rodriguez, Benzel e Clevenger, 1997).

Segundo Rodriguez, Benzel e Clevenger (1997), além da perda de massa muscular magra, a degradação proteica acelerada, detectada pelo aumento da quantidade de nitrogênio na urina, leva à falência orgânica e à morte, se não for controlada adequadamente.

No artigo *Fitness, Inflammation, and the Metabolic Syndrome in Men with Paraplegia*, Manns, McCubbin e Williams (2005) relatam que as inflamações subclínicas encontradas nos indivíduos com LME são tanto causas como consequências de doenças cardiovasculares e diabetes melito – diabetes tipo II (DTII). Os autores também relatam que a interleucina-6 (IL-6) e a proteína C-reativa (PCR) são importantes fatores de risco para as doenças cardíacas e a DTII, e que aumentos, mesmo que pequenos, da IL-6 e da PCR elevam os riscos de haver o aparecimento de doenças cardíacas.

Manns, McCubbin e Williams (2005) também relatam que baixos níveis de HDL, elevados níveis de glicose de jejum, elevados níveis de triglicerídeos, obesidade abdominal e hipertensão arterial associadas à síndrome metabólica são comuns em pessoas com LME. Para os autores, a LME pode acelerar a relação de acúmulo de gordura corporal com o passar da idade e contribuir para valores anormais de HDL e insulina.

A grande prevalência de doenças cardíacas e DTII também sugere que um estilo de vida saudável, com atividades físicas regulares, pode ter um impacto positivo na saúde das pessoas com LME (Rodriguez, Benzel e Clevenger, 1997).

Manns, McCubbin e Williams (2005) descobriram, em seu estudo com 22 voluntários com LME, que os baixos níveis de atividade física estão associados a elevados níveis de glicemia de jejum, baixos níveis de HDL e grandes diâmetros abdominais, e que estes últimos estão associados a elevados valores de glicemia de jejum, de insulina de jejum e, depois da ingestão de alimentos, a baixos níveis de HDL, a altos níveis de triglicerídeos e à PCR.

No caso de indivíduos com LME, as relações entre a capacidade aeróbia, a atividade física, a capacidade funcional, os fatores inflamatórios (IL-6 e PCR) e os componentes da síndrome metabólica não são conhecidas. Assim, experimentos controlados com exercícios são necessários para determinar se a atividade física regular associada à idade ou à LME pode ajudar na redução de fatores inflamatórios circulantes no sangue, mediante a redução da gordura corporal total (Rodriguez, Benzel e Clevenger, 1997).

1.5 Atividade física e a lesão da medula espinhal

A atividade física regular tem se mostrado um modo de promover a melhora geral da aptidão física, na qual se inclui a melhora da condição cardiovascular do indivíduo. Porém, quanto mais alto o nível da LME, maior é a perda da capacidade muscular para estabilizar o tronco durante os exercícios/atividades físicas, requerendo que os MMSS mantenham a correta posição do tronco ao mesmo tempo que produzem forças de propulsão (Jacobs e Nash, 2004).

A falta de movimentos devido à LME pode levar à obesidade e ao aumento do risco de aterosclerose (Knechtle, Muller e Knecht, 2004).

As pessoas com LME encontram muitas dificuldades para participar amplamente de atividades físicas, mas já há várias modalidades esportivas e exercícios adaptados/ajustados para elas. Podem-se citar como exemplos a ergometria manual e a ergometria com a cadeira de rodas, o basquete sobre rodas, as provas de corridas em pista de atletismo, o handebol em cadeira de rodas, o *Rugby* em Cadeira de Rodas (RCR), a esgrima, o tênis de mesa, o tênis de campo, as provas da natação e outras tantas.

A atividade física ajuda a complementar o processo da reabilitação, proporcionando ganhos consideráveis nos níveis de força, potência aeróbia, coordenação motora, função cardiopulmonar, equilíbrio e flexibilidade (Sampaio et al., 2001). Além disso, o incremento da atividade física com uma consecutiva diminuição da adiposidade subcutânea reduz significativamente a morbidade e a mortalidade de pessoas com LME por doenças cardiovasculares (Knechtle, Muller e Knecht, 2004).

Sampaio et al. (2001, p. 211) dizem, sobre a pessoa com LME, que

> O treinamento permite-lhe ultrapassar barreiras arquitetônicas, realizar atividades da vida diária (AVD), dentre elas as transferências, com maior facilidade, melhorando sua qualidade de vida e facilitando sua inclusão social.

McArdle, Katch e Katch (1998) e Frontera, Dawson e Slovik (2006) relatam que toda atividade física sistemática proporciona uma melhora cardiovascular e que o exercício físico regular ajuda a reduzir a fadiga, a dor e a fraqueza, além de ajudar no ganho de massa muscular e de massa óssea.

Para Sampaio et al. (2001, p. 211), olhando atentamente o indivíduo com LME, "observa-se que a atividade física o conduz à melhora da sua condição psicossocial, facilitando seu acesso às atividades regulares na comunidade". Todavia, para os autores, uma pessoa com LME só deve ingressar em uma determinada modalidade esportiva na fase final de sua reabilitação, depois de apresentar um quadro clínico estável e de estar familiarizado com sua condição física.

Depois da liberação médica e fisioterápica, a pessoa com LME deve fazer uma bateria de testes e exames de acordo com as funções preservadas e com a modalidade esportiva escolhida. Dois destes testes são a capacidade vital forçada (CVF) e a ergoespirometria, que avaliam sua condição cardiorrespiratória e podem identificar possíveis comprometimentos cardiorrespiratórios, como hipertensão no esforço e doenças coronarianas (Piai, 2007). É importante lembrar-se de que a prática de avaliações físicas em pessoas com deficiência física teve início no fim da década de 1960 e no início da década de 1970 (Gorla et al., 2006).

Para Bremner et al. (1992), Pollock et al. (1989) e Mira (1982), a perda e/ou a diminuição da força e da resistência do sistema muscular gera uma resposta cardiovascular insatisfatória diante do exercício físico. As atividades físicas/exercícios regulares podem acelerar o processo de reabilitação das pessoas com LME, aumentando, assim, as possibilidades de recuperações melhores quando as LMEs são incompletas.

Assim, as atividades físicas escolhidas como práticas esportivas pelo indivíduo com LME devem ser adaptadas/ajustadas à realidade de cada um, com o propósito de lhe proporcionar prazer durante sua prática e ganhos em sua qualidade de vida (Sampaio et al., 2001).

Seguindo o raciocínio de Sampaio et al. (2001), outra vantagem da prática de uma atividade física/esportiva é o convívio social com outras pessoas nas mesmas condições. Durante as atividades físicas/esportivas os sujeitos com LME trocam informações, experiências e conhecimentos e, por meio dessas atividades, a imagem da incapacidade dá lugar à da potencialidade e da produtividade.

Quando se pensa na atividade para o indivíduo com LME, é necessário levar em consideração todas as alterações metabólicas, físicas e sistêmicas advindas da deficiência, para se praticar uma atividade segura e eficiente, sem expor a riscos a integridade e a saúde dessa população.

Sloan et al. (1994) perceberam em seu estudo, com 12 pacientes com LME (11 com LME incompleta) do Royal Perth Rehabilitation Hospital que passaram por um programa de três meses de ciclismo induzido, que a maior perda da condição musculoesquelética ocorre nos seis primeiros meses depois do trauma medular. A força e a resistência dos MMSS das pessoas com LME são extremamente importantes para que ela possa conduzir sua cadeira de rodas e para o desempenho de suas atividades diárias.

Nilsson, Staff e Pruett (1975), Grimby (1980), Tesch e Karlsson (1983), Davis et al. (1990) e Davis e Shepard (1990) chegaram à conclusão de que o exercício físico regular para os indivíduos com LME melhora a força de seus MMSS e o torque de abdução dos ombros, promove a hipertrofia das fibras musculares do tipo II, diminui a concentração de enzimas aeróbias e anaeróbias por unidade de massa muscular e gera o ganho de força isocinética, melhorando a potência e a resistência dos músculos dos MMSS.

DiCarlo, Supp e Taylor (1983) fizeram um estudo com quatro sujeitos do sexo masculino com LME (um com lesão entre C5-C6; dois com LME entre C6-C7; e um com LME entre T7-T8), com idade variando entre 21 e 29 anos e com tempo de lesão entre 5 e 23 anos. Nesse estudo, os autores conduziram testes em cicloergômetro de braço e determinaram que a média da carga de trabalho pós-treinamento de quatro semanas aumentou em 64,32% (indo de 420 ± 140 $kg.m.min^{-1}$ para 653 ± 323 $kg.m.min^{-1}$) e o VO_2máx teve um aumento de 60,54% (indo de 15,97 ± 3,27 $ml.kg^{-1}.min^{-1}$ para 26,38 ± 8,57 $ml.kg^{-1}.min^{-1}$).

Figoni (1993) diz que um dos maiores problemas que o tetraplégico tem ao praticar algum tipo de exercício físico é a quantidade de massa muscular paralisada devido à LME. O autor também afirma que a falta de capacidade muscular voluntária para a realização de exercícios que envolvam grandes grupos musculares dificulta e diminui a habilidade de se promover ganhos no sistema cardiovascular.

Durante seu estudo, Figoni (1993) comenta que os testes incrementais feitos com pequenos grupos musculares, como os músculos dos MMSS, podem gerar uma fadiga periférica bem antes do aparecimento de uma fadiga central, com o sistema cardiovascular atingindo seu limite máximo de bombeamento e distribuição de sangue pelo organismo e, assim, a demanda por oxigênio nunca supera sua oferta. Outro fato levantado pelo autor é que, devido à paralisação dos músculos dos MMII, não há a presença da bomba muscular para auxiliar o retorno venoso dos MMII, retendo o sangue e diminuindo seu volume circulante, podendo causar isquemias musculares nos membros ativos durante os exercícios. Essa disfunção da resposta hemodinâmica ao aumento da demanda metabólica é chamada de circulação hipocinética.

Figoni (1993) continua seu estudo dizendo que os exercícios mais adotados para a recuperação da pessoa com LME são aqueles com os MMSS, com a intenção de melhorar sua independência ao conduzirem a cadeira de rodas, entre outros fatores. Dessa maneira, a musculatura preservada pode ser treinada para ganhos de força e resistência. No entanto, para o autor, esses exercícios não bastam para que ocorram melhoras significativas do sistema cardiovascular, pois, geralmente, os exercícios com os MMSS não bastam para se atingir o VO_2máx das pessoas. Porém, naquelas com níveis de condicionamento físico muito baixos, os exercícios de MMSS poderiam promover estresse suficiente no sistema cardiovascular para a ocorrência de pequenos ganhos.

Outro fato levantado por Figoni (1993) é que a FC dos tetraplégicos fica restrita à faixa dos 120 bpm e seu débito cardíaco (DC), seu volume expiratório (VE) e sua PA mantêm-se em valores baixos.

Ainda em seu estudo, Figoni (1993) descreve que, durante os testes de MMSS com a população tetraplégica, pode ser difícil avaliar com precisão a condição cardiovascular central do sujeito, devido à pequena quantidade de massa muscular não conseguir gerar estresse suficiente ao coração.

Davis (1993) afirma que, geralmente, a LME gera uma restrição severa à realização de exercícios físicos, pelos efeitos da paralisação da musculatura e da disfunção da regulação térmica, desencorajando as pessoas a terem um estilo de vida mais ativo, resultando em acentuada diminuição das capacidades físicas e alterando as capacidades psicológicas. Davis (1993) também menciona que há evidências convincentes de que indivíduos com LME, que praticam exercícios físicos regularmente, podem melhorar sua função cardiorrespiratória, sua tolerância a exercícios mais intensos e também seus aspectos psicossociais. A sugestão final do autor é que a avaliação da capacidade cardiorrespiratória e os exercícios para o treinamento físico deveriam ser incorporados às rotinas diárias das pessoas com LME.

McLean, Jones e Skinner (1995) fizeram um estudo com 11 sujeitos (dez homens e uma mulher) com tetraplegia, desse total, seis apresentavam LME acima de C7 e cinco apresentavam LME em C7 ou abaixo dela. A idade média dos avaliados foi de 29 ± 6 anos e o tempo médio de lesão foi de 10 ± 6 anos. A estatura média da população foi de 178 ± 9 cm e a massa corporal média ficou em 59,7 ± 14 kg. Em seus resultados, os autores sugerem que os sujeitos com tetraplegia apresentam respostas hemodinâmicas e metabólicas diferentes de sujeitos sem LME e especulam que os métodos mais comuns para a prescrição da intensidade dos exercícios físicos podem não ser os mais apropriados para os tetraplégicos. Os autores consideram que os quatro métodos mais populares para a prescrição da intensidade dos exercícios físicos (FC, %FCreserva, %VO_2máx e percepção subjetiva ao esforço) não são completamente aplicáveis aos tetraplégicos. Eles recomendam que outros métodos devem ser adotados para esse objetivo, visto que os parâmetros recomendados pelo ACSM (2003) não são aplicáveis à população com LME.

Hopman et al. (1996) descrevem um estudo feito com 21 sujeitos com LME entre os segmentos neurológicos C4-C8. Os autores dividiram os sujeitos em três grupos, de acordo com o nível de aptidão física no início do estudo:

- *Treinados*: composto por oito homens, sendo quatro com LME completa e quatro com LME incompleta. Faziam atividade física pelo menos duas vezes por semana há pelo menos dois anos.
- *Não treinados*: composto por seis homens e uma mulher, todos com LME completa. Nenhum dos integrantes praticou atividade física nos dois anos que antecederam o início do estudo.
- *Sedentários*: formado por quatro homens e duas mulheres, sendo que uma das mulheres apresentava LME incompleta. Ninguém desse grupo praticou atividade física antes ou durante o estudo.

Durante o estudo de Hopman et al. (1996), foram feitas três avaliações no grupo "treinado" e no grupo "não treinado" (início, meio e fim do estudo) e duas avaliações no grupo "sedentário" (início e fim do estudo) para determinar os índices antropométricos dos sujeitos.

Tabela 1.1 – Características da população do estudo de Hopman et al. (1996)

	Treinados	**Não treinados**	**Sedentários**
Idade média	32,7 ± 12,7 anos	26,6 ± 6,9 anos	36,5 ± 10,4 anos
Massa corporal média	73,6 ± 17,2 kg	77,6 ± 23,4 kg	82,3 ± 21,3 kg
Estatura média	184,0 ± 6,1 cm	183,3 ± 9,4 cm	178,5 ± 5,0 cm
Média da soma de pregas cutâneas	47,9 ± 24,4 mm	51,4 ± 25,3 mm	72,1 ± 27,0 mm
VO_2 pico médio	1,0 ± 0,42 $l.min^{-1}$	0,63 ± 0,24 $l.min^{-1}$	0,61 ± 0,22 $l.min^{-1}$
Potência pico	49,9 ± 28,6 W	20,7 ± 14,8 W	15,9 ± 14,5 W
Potência máxima	50,0 ± 32,1 W	22,1 ± 13,5 W	13,2 ± 8,9 W
Tempo médio de LME	8,1 ± 10,3 anos	6,6 ± 5,2 anos	9,1 ± 3,9 anos

Foram aplicados testes máximos e submáximos para a determinação do VO_2, VCO_2, razão da troca gasosa (R), volume expiratório (VE) e frequência respiratória para todos os sujeitos do estudo. Os testes submáximos foram feitos em um ergômetro de braço com frenagem elétrica, com um protocolo incremental de cargas. As variáveis VO_2, VCO_2, R e VE foram mensuradas constantemente durante os testes, além da aferição de um eletrocardiograma (ECG) contínuo e da FC média a cada 30 segundos.

Os resultados mostram que, no início do estudo, o VO_2pico do grupo "treinado" era maior que os valores dessa variável para os demais grupos, mas, nas demais variáveis, os autores não encontraram diferenças significativas. Com o decorrer do estudo entre os grupos, as diferenças iniciais tornaram-se insignificantes. Dessa maneira, os autores concluem seu estudo dizendo que o treinamento por um período de até seis meses não produziu efeitos positivos que pudessem ser medidos em relação à aptidão física dos grupos, embora algumas marcas individuais tenham melhorado (Hopman et al., 1996).

O estudo de Dallmeijer et al. (1997) foi conduzido com 24 sujeitos com tetraplegia, que fizeram uma série de tarefas diárias padronizadas por um período de seis meses. Os voluntários foram divididos em três grupos; os dos grupos A e B fizeram três avaliações no período do estudo e os do grupo C, apenas a primeira e a última avaliações.

- *Grupo A*: nove jogadores do sexo masculino de RCR que já treinavam há pelo menos dois anos, quatro deles tendo LME incompleta e com idade média de 30,6 ± 12,7 anos, massa corporal média de 72,7 ± 16,3 kg e tempo médio de lesão de 7,4 ± 9,9 anos.
- *Grupo B*: seis sujeitos recém-iniciados na prática do RCR, sendo cinco homens e uma mulher, todos com LME completa e idade média de 26 ± 7,1 anos, massa corporal média de 73 ± 25,9 kg e tempo médio de lesão de 6,3 ± 4 anos.

- *Grupo C*: nove sujeitos que participaram como grupo controle, sendo sete homens e duas mulheres com LME incompleta, com idade média de 39,6 ± 8,4 anos, massa corporal média de 73,9 ± 20,4 kg e tempo médio de lesão de 5,6 ± 5,3 anos.

Para o estudo foi feito um teste isométrico de força e um teste de exercício máximo em um ergômetro de cadeira de rodas estacionário, capaz de medir, diretamente, o torque aplicado em cada uma das rodas da cadeira de rodas e a velocidade resultante delas. Também foi feito um teste máximo de força isométrica no ergômetro de braço, um teste de exercício máximo para a determinação da potência pico e do VO_2pico.

Para determinar a força dos voluntários durante suas atividades diárias foram realizadas as seguintes tarefas:

- subir uma rampa de seis metros de comprimento com 3,5° de inclinação; e
- abrir uma porta deslizante, fechá-la e lavar as mãos.

Para a medida da força física, os voluntários fizeram um teste no ergômetro de cadeira de rodas, no qual deveriam tocar a cadeira de rodas contra uma inclinação de 0,5° por um período de três minutos.

Os voluntários dos grupos A e B também tiveram de se submeter a um programa de treinamento para o RCR durante seis meses, o que incluía treinos de resistência, de força para MMSS e para a melhora das habilidades com a bola e na condução da cadeira de rodas.

Dallmeijer et al. (1997) concluem o estudo dizendo que a capacidade física foi menor e que a força física foi maior no grupo A, em comparação com os grupos B e C, mas especulam que essa diferença deve ser consequência da maneira como os grupos foram divididos. A divisão feita não respeitou os níveis e a extensão da LME, o que pode ter influenciado os resultados, devido ao nível de treinamento e as diferenças entre os variados níveis das LMEs e de suas gravidades. Os autores também dizem que, provavelmente, a frequência e a intensidade dos treinos não foram suficientes para promover ganhos, mas lembram que o nível de condicionamento físico inicial pode influenciar os resultados quando se analisam certas variáveis. Dallmeijer et al. (1997) encontraram algumas melhoras individuais durante o estudo, indicando que, para um pequeno número de sujeitos, houve um efeito positivo do treinamento e ressaltam que novas pesquisas devem ser conduzidas para se determinar qual a frequência ideal de treinamento para a população tetraplégica.

O artigo de Durán et al., publicado em 2001 na *Archieves of Physical Medicine and Rehabilitation*, menciona um estudo feito com 13 sujeitos (12 homens e uma mulher) com LME entre T3-T12. No estudo, os autores adotaram o Functional Independence Measure (FIM) para avaliar o grau de independência dos sujeitos antes e depois da intervenção de 16 semanas, com três sessões semanais de treino de 40 minutos. Durantes as sessões, foram praticadas atividades de resistência aeróbia, força, coordenação, recreação e lazer. Em algumas sessões, as atividades foram feitas dentro da água e os pesquisadores também realizaram uma avaliação antropométrica no início e no fim do estudo, e um teste adaptado por eles para medir as habilidades na cadeira de rodas. A força máxima dos MMSS (pré e pós-atividades) foi obtida por meio de um teste de força máxima ou de repetições máximas em 30 segundos, e os sujeitos também fizeram um teste máximo em um ergômetro de braço.

Os resultados do programa de treinamento proposto por Durán et al. (2001) demonstram que houve significativa melhora nos valores obtidos nos testes físicos e redução no tempo gasto pelos sujeitos para realizarem o teste adaptado para medir suas habilidades na cadeira de rodas. A média da massa corporal dos sujeitos no início do estudo foi de 55,9 ± 8,7 kg e, no fim, foi de 56,4 ± 9,1 kg, sem que houvesse alguma alteração na porcentagem de gordura corporal. A média da FC de repouso, no início do estudo, era de 83 ± 19,7 bpm e, no fim, de 81 ± 14,6 bpm. Já a FCmáx manteve-se inalterada. Para o teste de ergometria de MMSS, a carga máxima nos testes foi de 90 ± 24 para

110 ± 26,1 W e a FC, depois de seis minutos do término do teste, baixou de 115 ± 18,9 bpm para 110 ± 26,1 bpm.

Os valores obtidos por meio do FIM sugerem que esse tipo de atividade física deveria ser incorporado às práticas de reabilitação para acelerar o processo. Os ganhos significativos na capacidade de trabalho e a significativa diminuição da FC depois de seis minutos do encerramento do teste sugerem que ocorreram adaptações positivas ao programa de treinamento e confirmam o fato de as atividades diárias serem insuficientes para melhorar a aptidão física da população. Portanto, o programa teve um impacto positivo na maioria das variáveis pesquisadas e recomenda-se que esse tipo de atividade física seja incorporado aos programas convencionais de reabilitação (Durán et al., 2001).

Para Jacobs e Nash (2004), as pessoas com LME têm sido caracterizadas como extremamente sedentárias e com grande número de problemas secundários de saúde associados, como a diabetes melito e a hipertensão arterial. Para os autores, as pessoas com LME não têm um estilo de vida diária que promova o estresse necessário para que haja um condicionamento físico adequado. Assim, atividades físicas adequadas devem ser programadas e inseridas em seu dia a dia para reduzir os riscos de complicações secundárias, e para melhorar sua capacidade física. Para isso são necessários testes físicos e programas de treinamento específicos para essa população, levando em conta as capacidades físicas de cada indivíduo uma vez que esses fatores estão intimamente ligados à extensão e ao nível da LME (Jacobs e Nash, 2004).

Pessoas com LME no segmento vertebral T4 ou acima, geralmente, apresentam grandes perdas na FCM, que, na maioria dos casos, atinge valores máximos próximos de 130 bpm e, assim, sua capacidade de trabalho será limitada pela redução da capacidade cardíaca e a consequente diminuição do fluxo sanguíneo para a musculatura que está sendo exercitada (Jacobs e Nash, 2004).

Jacobs e Nash (2004) afirmam, em seu estudo, que muitos sujeitos com LME podem ter benefícios com a prática regular de exercícios físicos, que se refletem, por exemplo, na densidade óssea e na melhora da regulação ortostática. Eles ressaltam que, no caso de sujeitos com o controle motor dos MMSS preservados, ou menos afetados, podem-se executar variados tipos de exercícios com os MMSS, enfatizando-se a prevenção de lesões e o fortalecimento dos grupos musculares para preservar e melhorar as funções motoras desses membros no dia a dia. Os autores também observam que, se os exercícios físicos forem prescritos com cuidado, respeitando as características individuais, eles podem ser de grande valia para melhorar as tarefas cotidianas das pessoas e promover a melhora da satisfação com a vida e a saúde dessa população.

Haisma et al. (2006) relatam que a maioria dos estudos que avaliam o VO_2pico e a POpico (pico de potência) é realizada com sujeitos com paraplegia e que os testes para esses estudos são, geralmente, testes incrementais em relação a velocidades, cargas e potências. Nos testes de ergometria em cadeira de rodas, a média do VO_2pico para os paraplégicos varia entre 1,10 e 2,51 $l.min^{-1}$ e a média do POpico varia entre 46 e 102 W. Já nos testes com ergometria de braço, a média do VO_2pico varia entre 1,03 e 2,34 $l.min^{-1}$ e a média do POpico varia entre 66 e 117 W. No caso dos tetraplégicos, a média do VO_2pico nos testes de ergometria em cadeira de rodas variou entre 0,76 e 1,03 $l.min^{-1}$ e a média do POpico ficou entre 21 e 33 W. Em relação aos testes de ergometria de braço, os valores médios do VO_2pico ficaram entre 0,78 e 0,95 $l.min^{-1}$ e as médias do POpico ficaram entre 35 e 45 W.

Para a força muscular, Haisma et al. (2006) encontraram valores médios de 30,6 kg para a rotação interna dos ombros dos paraplégicos e, para a rotação externa, 22,0 kg. Já para os tetraplégicos, os valores médios de rotação interna ficaram em 14,8 kg e os de rotação externa em 11,7 kg. Os autores também demonstram que na população com paraplegia a função respiratória é praticamente normal e que nos tetraplégicos se apresenta comprometida, quando essas populações são comparadas com a população sem LME.

Assim, a revisão de literatura feita por Haisma et al. (2006) demonstra que é comum que os valores de VO_2pico e POpico sejam menores em lesados medulares em relação a pessoas sem LME, ainda mais entre os tetraplégicos, e essas diminuições podem ser reflexo da menor quantidade de massa muscular recrutada em testes com os MMSS, da extensão da paralisia muscular, da diminuição do controle simpático e de uma diminuição da atividade física.

Morgulec et al. (2006) conduziram um estudo sobre o efeito do treinamento na capacidade aeróbia em 14 sujeitos, todos jogadores de RCR, em dois momentos distintos, com intervalo de um ano. Na Tabela 1.2, a seguir, estão as variáveis e os valores encontrados pelos autores em suas avaliações:

Tabela 1.2 – Valores encontrados no estudo de Morgulec et al. (2006)

Variável	**Primeira avaliação (2003)**	**Segunda avaliação (2004)**
Idade (anos)	28,21 ± 5,58	29,21 ± 5,58
Tempo de lesão (anos)	9,36 ± 5,30	10,36 ± 6,30
Estatura (cm)	182,29 ± 8,10	182,29 ± 8,10
Massa corporal (kg)	72,56 ± 10,13	72,04 ± 12,13
IMC	21,94 ± 3,78	21,71 ± 3,84
VE ($l.min^{-1}$)	33,18 ± 6,42	53,06 ± 17,16
VO_2pico ($l.min^{-1}$)	1,41 ± 0,35	1,97 ± 0,43
VCO_2 ($l.min^{-1}$)	1,07 ± 0,27	1,77 ± 0,41
VO_2pico ($ml.min^{-1}.kg^{-1}$)	19,86 ± 4,89	27,36 ± 4,80

No estudo, foram aplicados testes máximos de esforço em uma esteira motorizada, adaptada para as cadeiras de rodas, e, durante os testes, foram analisadas as trocas gasosas pelo sistema *breath-by-breath*. Os testes foram compostos de 5 minutos de aquecimento na própria esteira com velocidade de 2 km/h^{-1} e, imediatamente depois desse período, foi aplicado um teste contínuo com incremento de velocidade inicial de 4 km/h^{-1}. A cada 3 minutos, a velocidade era incrementada em 2 km/h^{-1} até a exaustão do sujeito.

Os autores concluíram, depois da análise estatística, que os valores das variáveis metabólicas apresentaram diferenças significativas

(VE, VO_2pico e VCO_2) entre a primeira e segunda avaliação e, portanto, um ano de treinamento de RCR poderia promover uma melhora na resposta metabólica desses sujeitos. As adaptações positivas ao treinamento podem se refletir em ganho na capacidade de resistência e na diminuição dos riscos de aparecimento da hipertensão arterial, da obesidade e dos acidentes vasculares.

Morgulec et al. (2006) ainda mencionam que, para grupos como o desse estudo, deve-se optar por testes laboratoriais que simulem suas atividades da melhor maneira possível e, assim, deve-se adotar a ergometria de braço simultânea com as manivelas sincronizadas ou a ergometria em cadeira de rodas. Os autores encerram suas conclusões ressaltando que um sujeito com tetraplegia bem treinado pode ter valores de VO_2pico muito próximos aos valores de um sujeito paraplégico destreinado e que novos estudos devem ser conduzidos para investigar mais profundamente quais seriam as intensidades e as frequências ideais para as melhoras metabólicas em sujeitos tetraplégicos.

Valent et al. (2007) iniciam seu estudo refletindo sobre o comprometimento do sistema nervoso e somático decorrente da LME e sobre a paralisia que se estabelece nesses quadros. Também refletem sobre a perda da capacidade funcional do corpo nas regiões abaixo do nível da lesão e sobre a dependência da cadeira de rodas, que acabam gerando dificuldades para se manter um estilo de vida mais ativo. Os autores afirmam que, para que o indivíduo com LME possa prevenir as doenças secundárias, é muito importante a manutenção de um estilo de vida saudável, com um ótimo nível de aptidão física, a qual se tornará menos difícil de se vencer no dia a dia.

Para Valent et al. (2007), a literatura sobre os efeitos do treinamento físico com os MMSS para as pessoas com LME é limitada em quantidade, em qualidade e um dos maiores problemas seriam os números pequenos de sujeitos como grupo experimental e controle. Além disso, os grupos são muito heterogêneos, pois há grande variabilidade nos níveis e nas extensões das LMEs, diferenças de tempo de lesão e de grau de condicionamento físico dos sujeitos.

A maioria dos estudos acaba concluindo que o treinamento físico promove um efeito positivo na capacidade física das pessoas com LME, refletindo-se especialmente nas melhoras dos valores do VO_2pico e da potência de trabalho, melhoras essas que se evidenciam quando o grupo é formado por sujeitos com menos de um ano de lesão.

Para encerrar o estudo, Valent et al. (2007) concluem que aparentemente todos os indivíduos com LME podem se beneficiar dos efeitos positivos do treinamento físico, principalmente se este for realizado em circuitos de resistência em vez de feitos de maneira isolada, devido à maior variabilidade dos estímulos, uma vez que exercícios monótonos tendem a menor índice de adesão e motivação. Os autores ainda ressaltam que quanto mais cedo esses exercícios forem introduzidos na vida diária das pessoas com LME, mais rápidos e melhores serão os resultados, mesmo para aquelas mais comprometidas.

Referências

Ackery, A.; Tator, C.; Krassioukov, A. A Global Perspective on Spinal Cord Epidemiology. *J. Neurotrauma*, v. 21, n. 10, p. 1.355-70, 2004.

ACSM. *Manual de Pesquisa das Diretrizes do ACSM para Testes de Esforço e sua Prescrição*. Rio de Janeiro: Guanabara Koogan, 2003.

AIS. *Internacional Standards for Neurological Classification of Spinal Cord Injury* (Revised). Atlanta, 2011.

ASIA. International Standards for Neurological and Functional Classification of Spinal Cord Injury. *J. Spinal Cord Med.*, v. 35, n. 5, p. 266-74, 1997.

______. Internacional Standards for Neurological Classification of Spinal Cord Injury. *J. Spinal Cord Med.*, v. 34, n. 6, p. 547-54, 2011.

Ares, M. J. J. Disfunção Intestinal na Lesão Medular. In: Greve, J. M. D.; Casalis, M. E. P.; Barros Filho, T. E. P. (Org.). *Diagnóstico e Tratamento da Lesão da Medula Espinal*. São Paulo: Roca, 2001.

Ares, M. J. J.; Cristante, A. R. L. Reabilitação da Medula Espinal: Tratamento. In: Greve, J. M. D. (Coord.). *Tratado de Medicina e Reabilitação*. São Paulo: Roca, 2007.

Barros Filho, T. E. P. (Org.). *Diagnóstico e Tratamento da Lesão da Medula Espinal*. São Paulo: Roca, 2001.

Bracken, M. B.; Shepard, M. J.; Webb, S. B. Psychological Responses to Acute Spinal Cord Injury: An Epidemiological Study. *Paraplegia*, v. 19, n. 5, p. 271-83, 1981.

Bremner, L. A. et al. A Clinical Exercise System for Paraplegics using FES. *Paraplegia*, v. 30, n. 9, p. 647-55, 1992.

Campos, M. F. et al. Epidemiologia do Traumatismo da Coluna Vertebral. *Rev. Col. Bras. Cir.*, v. 35, n. 2, p. 88-91, 2008. Disponível em: <www.scielo.br/rcbc>. Acesso em: 27 out. 2008.

Campos da Paz, A. et al. Traumatic Injury to the Spinal Cord. Prevalence in Brazilian Hospitals. *Paraplegia*, v. 30, n. 9, p. 636-40, 1992.

Casalis, M. E. P. Reabilitação da Medula Espinal: Etiologia e Epidemiologia. In: Greve, J. M. D. (Coord.). *Tratado de Medicina e Reabilitação*. São Paulo: Roca, 2007a.

______. Reabilitação da Medula Espinal: Quadro Clínico – Exame Neurofisiátrico. In: Greve, J. M. D. (Coord.). *Tratado de Medicina e Reabilitação*. São Paulo: Roca, 2007b.

Cristante, A. R. L. Reabilitação da Medula Espinal: Tratamento. In: Greve, J. M. D. (Coord.). *Tratado de Medicina e Reabilitação*. São Paulo: Roca, 2007.

DALLMEIJER, A. J. et al. Effect of Training on Physical Capacity and Physical Strain in Persons with Tetraplegia. *Scand. J. Rehabil. Med.*, v. 29, n. 3, p. 181-6, 1997.

DAVIS, G. M. Exercise Capacity of Individuals with Paraplegia. *Med. Sci. Sports Exerc.*, v. 25, n. 4, p. 423-32, 1993.

DAVIS, G. M.; SHEPARD, R. J. Strength Training for Wheelchair Users. *Br. J. Sports Med.*, v. 24, n. 1, p. 25-30, 1990.

DAVIS, G. M. et al. Cardiovascular Responses to Arm-Cranking and FNS-Induced Leg Exercise in Paraplegics. *J. Appl. Physiol.*, v. 69, n. 2, p. 671-7, 1990.

DICARLO, E. S.; SUPP, M. D.; TAYLOR, H. C. Effect of Arm Ergometry Training on Physical Work Capacity of Individuals with Spinal Cord Injuries. *Phys. Ther.*, v. 63, n. 7, p. 1104-7, 1983.

DURÁN, F. S. et al. Effects of an Exercise Program on the Rehabilitation of Patients with Spinal Cord Injury. *Arch. Phys. Med. Rehabil.*, v. 82, n. 10, p. 1349-54, 2001.

FIGONI, S. F. Exercise Responses and Quadriplegia. *Med. Sci. Sports Exerc.*, v. 25, n. 4, p. 433-41, 1993.

FREED, M. M. Lesões Traumáticas e Congênitas da Medula Espinhal. In: KOTTKE, F. J.; STILLWELL, G. K.; LEHMANN, J. F. *Krusen*: Tratado de Medicina Física e Reabilitação. São Paulo: Manole, 1984.

FRISBIE, J. H. Breathing and Support of Blood Pressure After Spinal Cord Injury. *J. Spinal Cord Med.*, v. 43, n. 7, p. 406-7, 2005.

FRONTERA, W. R.; DAWSON, D. M.; SLOVIK, D. M. Exercise in Rehabilitation Medicine. 2 ed. Champaign: Human Kinetics, 2006.

GARSTANG, S. V.; MILLER-SMITH, S. A. Autonomic Nervous System Dysfunction After Spinal Cord Injury. *Phys. Med. Rehabil. Clin. North Am.*, v. 18, n. 2, p. 275-96, 2007.

GORLA, J. I. et al. Utilização do Ergômetro de Braço na Determinação da Potência Anaeróbia em Atletas de Basquete em Cadeira de Rodas. *Sobama*, v. 11, n. 1, p. 35-39, 2006.

GREVE, J. M. D. (Org.). *Tratado de Medicina e Reabilitação*. São Paulo: Editora Roca, 2007.

GREVE, J. M. D.; CASALIS, M. E. P.; BARROS FILHO, T. E. P.(Org.). *Diagnóstico e Tratamento da Lesão da Medula Espinal*. São Paulo: Roca, 2001.

GREVE, J. M. D.; DE CASTRO, A. Alterações Cardiocirculatórias no Paciente Lesado Medular Agudo. In: GREVE, J. M. D.; CASALIS, M. E. P.; BARROS FILHO, T. E. P. (Org.). *Diagnóstico e Tratamento da Lesão da Medula Espinal*. São Paulo: Roca, 2001.

GRIMBY, G. Aerobic Capacity, Muscle Strength and Fiber Composition in Young Paraplegics. In: INTERNATIONAL MEDICAL CONGRESS ON SPORTS OF THE DISABLED, 1., Oslo. *Anais*... Oslo: Royal Ministry for Church and Education, 1980.

GUTTMANN, L. *Spinal Cord Injuries*: Comprehensive Management and Research. Melbourne: Blackwell, 1973.

HAISMA, J. A. et al. Physical Capacity in Wheelchair-Dependent Persons with a Spinal Cord Injury: A Critical Review of the Literature. *J. Spinal Cord Med.*, v. 44, n. 11, p. 642-52, 2006.

HOPMAN, M. T. E. et al. The Effect of Training on Cardiovascular Responses to Arm Exercise in Individuals with Tetraplegia. *Eur. J. Appl. Physiol.*, v. 74, n. 1-2, p. 172-9, 1996.

JACOBS, P. L.; NASH, M. S. Exercise Recommendations for Individuals with Spinal Cord Injury. *Sports Med.*, v. 34, n. 11, p. 727-51, 2004.

KNECHTLE, B.; MULLER, G.; KNECHT, H. Optimal Exercise Intensities for Fat Metabolism in Handbike Cycling and Cycling. *J. Spinal Cord Med.*, v. 42, n. 10, p. 564-72, 2004.

KOCINA, P. Body Composition of Spinal Cord Injured Adults. *Sports Med.*, v. 23, n. 1, p. 48-60, 1997.

MACHADO, A. B. M. *Neuroanatomia Funcional*. Rio de Janeiro: Atheneu, 1986.

MAIOR, I. M. M. L. Disfunção Sexual. In: GREVE, J. M. D.; CASALIS, M. E. P.; BARROS FILHO, T. E. P. (Org.). *Diagnóstico e Tratamento da Lesão da Medula Espinal*. São Paulo: Roca, 2001.

MANNS, P. J.; MCCUBBIN, J. A.; WILLIAMS, D. P. Fitness, Inflammation, and the Metabolic Syndrome in Men with Paraplegia. *Arch. Phys. Med. Rehabil.*, v. 86, n. 6, p. 1176-81, 2005.

MASINI, M. Estimativa da incidência e prevalência de lesão medular no Brasil. *J. Bras. Neurocir.*, v. 12, n. 2, p. 97-100, 2001.

MCARDLE, W. D.; KATCH, F. I.; KATCH, V. L. *Fisiologia do Exercício*: *Energia, Nutrição e Desempenho Humano*. Rio de Janeiro: Guanabara Koogan, 1998.

MCLEAN, K. P.; JONES, P. P.; SKINNER, J. S. Exercise Prescription for Sitting and Supine Exercise in Subjects with Quadriplegia. *Med. Sci. Sports Exerc.*, v. 27, n. 1, p. 15-21, 1995.

MELLO, L. R. et al. Lesado Medular. Estudo Prospectivo de 92 casos. *Arq. Bras. Neurocir.*, v. 23, n. 4, p. 151-6, 2004.

MENDONÇA, M. Aspectos Psicológicos. In: GREVE, J. M. D.; CASALIS, M. E. P.; BARROS FILHO, T. E. P. (Org.). *Diagnóstico e Tratamento da Lesão da Medula Espinal*. São Paulo: Roca, 2001.

MIRA, J. C. Degenerescence et Regeneraction dês Nerfs Periferiques: Observations Ultrastructurales et Electrophysiologique, Aspects Quantitatifs et Consequences Musculaires. In: BONNEL, F. (Org.). *Aspects Biologiques de La Regenation Du Nerf Périphérique*. Paris: Volal, 1982.

MORGULEC, N. et al. The Effect of Training on Aerobic Performance in Wheelchair Rugby Players. *Research Yearbook*, v. 12, n. 2, p. 195-98, 2006.

NETTER, F. H. *Atlas de Anatomia Humana*. Porto Alegre: Artmed, 2004.

NILSSON, S.; STAFF, P.; PRUETT, E. Physical Work Capacity and the Effect of Training on Subjects with Longstanding Paraplegia. *Scand. J. Rehabil. Med.*, v. 7, n. 2, p. 51-6, 1975.

PHILLIPS, W. T. et al. Effect of Spinal Cord Injury on the Heart and Cardiovascular Fitness. *Curr. Probl. Cardioli*, v. 23, n. 11, p. 641-716, 1998.

PIAI, F. M. *Relações entre a Capacidade Vital Forçada e o Ponto de Corte em Lesões Medulares*. 2007. 37 f. Monografia (Trabalho de Conclusão de Curso) – Faculdade de Educação Física, Universidade Estadual de Campinas, Campinas, 2007.

POLLOCK, S. F. et al. Aerobic Training Effects of Electrically Induced Lower Extremity Exercise in SCI People. *Arch. Phys. Med. Rehabil.*, v. 70, p. 214-9, 1989.

RODRIGUEZ, D. J.; BENZEL, E. C.; CLEVENGER, F. W. The Metabolic Response to Spinal Cord Injury. *J. Spinal Cord Med.*, v. 35, n. 9, p. 599-604, 1997.

SAMPAIO, I. C. S. P. et al. Atividade Esportiva na Reabilitação. In: GREVE, J. M. D.; CASALIS, M. E. P.; BARROS FILHO, T. E. P. (Org.). *Diagnóstico e Tratamento da Lesão da Medula Espinal*. São Paulo: Roca, 2001

SITTA, M. C.; WERNECK, D. F. M. S.; MANETTA, J. A. Tratamento Clínico da Lesão da Medula Espinal – Fase Aguda. In: GREVE, J. M. D.; CASALIS, M. E. P.;

SLOAN, K. E. et al. Musculoskeletal Effects of an Electrical Stimulation Induced Cycling Programme in the Spinal Injured. *Paraplegia*, v. 32, n. 6, p. 407-15, 1994.

TARABULCY, E. Sexual Function in the Normal and in Paraplegia. *Paraplegia*, v. 10, n. 3, p. 201-8, 1972.

TARICCO, M. A. Etiologia das Lesões Medulares. In: GREVE, J. M. D.; CASALIS, M. E. P.; BARROS FILHO, T. E. P. (Org.). *Diagnóstico e Tratamento da Lesão da Medula Espinal*. São Paulo: Roca, 2001.

TESCH, P. A.; KARLSSON, J. Muscle Fiber Type Characteristics of M. Deltoideius in Wheelchair Athletes. Comparison with Other Trained Athletes. *Am. J. Physiol. Med.*, v. 62, n. 5, p. 239-43, 1983.

TRIGO-ROCHA, F. E. et al. Disfunção Vésico-esfincteriana. In: GREVE, J. M. D.; CASALIS, M. E. P.; BARROS FILHO, T. E. P. (Org). *Diagnóstico e Tratamento da Lesão da Medula Espinal*. São Paulo: Roca, 2001.

VALENT, L. J. M. et al. The Effects of Upper Body Exercise on the Physical Capacity of People with a Spinal Cord Injury: A Systematic Review. *Clin. Rehabil.*, v. 21, n. 4, p. 315-30, 2007.

VANLOAN, M. D. et al. Comparison of Physiological Responses to Maximal Arm Exercise Among Able-Bodied, Paraplegic and Quadriplegics. *Paraplegia*, v. 25, n. 5, p. 397-405, 1987.

YAMAUTI, A. Y. Cuidados de Enfermagem em Pacientes Portadores de Lesão Medular. In: GREVE, J. M. D.; CASALIS, M. E. P.; BARROS FILHO, T. E. P. (Org.). *Diagnóstico e Tratamento da Lesão da Medula Espinal*. São Paulo: Roca, 2001.

WYNDAELE, M.; WYNDAELE, J-J. Incidence, Prevalence and Epidemiology of Spinal Cord Injury: What Learns a Worldwide Literature Survey? *Spinal Cord*, v. 44, n. 9, p. 523-9, 2006.

O esporte adaptado e o *Rugby* em Cadeira de Rodas

Mateus Betanho Campana
Moyses M. S. de Sant'Anna

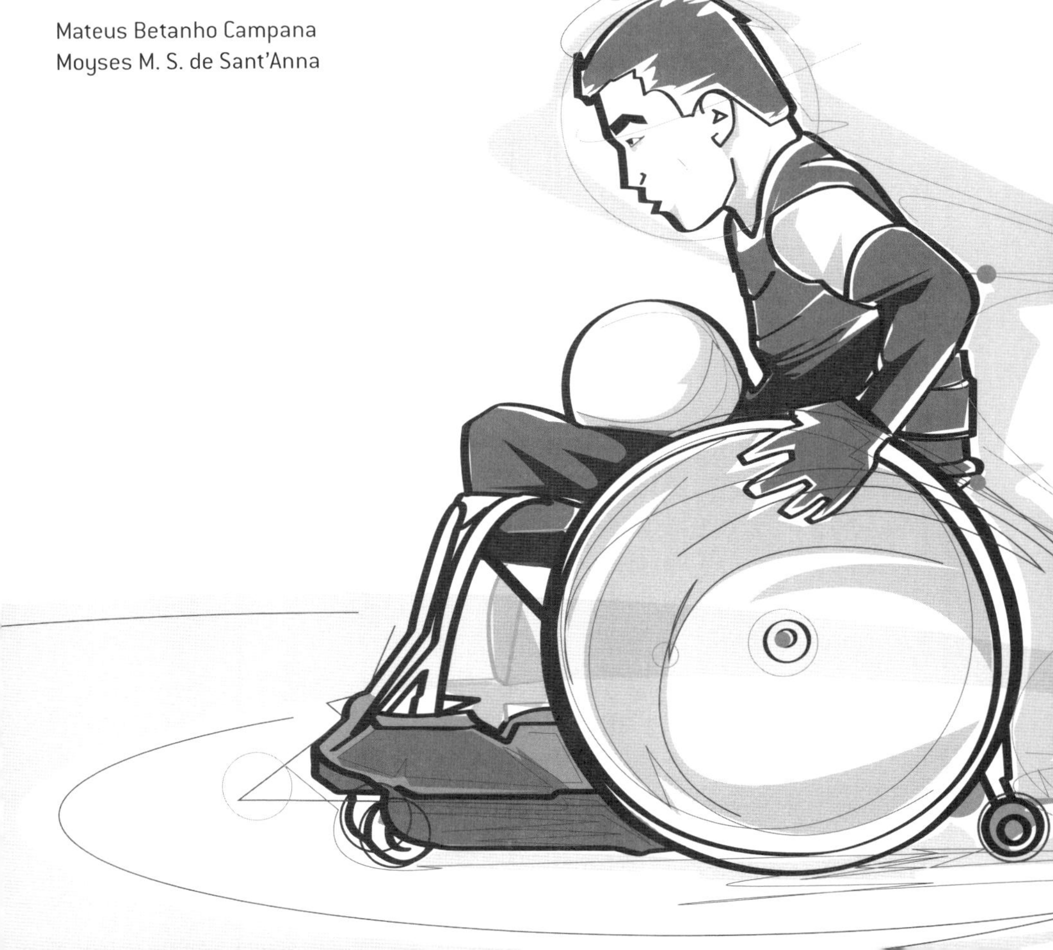

2.1 O esporte adaptado

Segundo Araujo (1997), as primeiras práticas esportivas adaptadas teriam ocorrido nos EUA ainda nos anos 1870, com jogos adaptados para pessoas surdas. Terminada a Primeira Guerra Mundial (1918), surgiram na Alemanha algumas práticas esportivas adaptadas, mas somente após a Segunda Guerra Mundial é que o esporte adaptado, como se conhece hoje, surgiu e se firmou no cenário mundial.

Em 1944, foi fundado por *Sir* Ludwig Guttmann, no Hospital da cidade de Stoke Mandeville (Grã-Bretanha), o Centro de Reabilitação para Soldados com Lesão Medular, tendo início, assim, os primeiros jogos adaptados para cadeira de rodas (Guttmann, 1973).

Em 1948, surgiu nos EUA o basquete em cadeira de rodas, sendo este o primeiro esporte adaptado para cadeirantes (Araujo, 1997). No mesmo ano, ocorreram os primeiros jogos para deficientes, na cidade de Stoke Mandeville, com a prática do tiro, arremesso de dardo e tiro com arco (Guttmann, 1973). Em 1949, Guttmann anunciou que os Jogos de Stoke Mandeville teriam caráter internacional equivalente aos Jogos Olímpicos (Araujo, 1997).

A respeito dos jogos de Stoke Mandeville, Araujo (1997, p. 9) afirma que eles "não só contribuíram para o desenvolvimento das atividades do esporte competitivo como também para o conhecimento sobre as habilidades dos lesados medulares".

Os primeiros jogos internacionais entre deficientes físicos ocorreram em 1952, em Stoke Mandeville, com a participação de 130 atletas dos EUA, Grã-Bretanha e Holanda, e, em 1956, o Comitê Olímpico Internacional (COI) reconheceu os Jogos de Stoke Mandeville oficialmente (Bedbrook, 1987).

A nona edição dos Jogos de Stoke Mandeville ocorreu na mesma cidade sede dos Jogos Olímpicos, em Roma (1960), logo depois das competições olímpicas. Participaram dela 400 atletas de 23 países, com apoio do COI, marcando, assim, o início dos Jogos Paralímpicos. As Paralimpíadas de Londres 2012, por sua vez, contaram com um total de 4.237 atletas de 164 países (COI, 2013).

O esporte adaptado chegou ao Brasil somente na década de 1950, por intermédio de dois brasileiros, Sérgio Serafim Del Grande e Robson Sampaio de Almeida, que voltaram dos EUA depois de tratamento médico. Somente em 1969, o Brasil enviou a primeira seleção de basquete em cadeira de rodas para um torneio internacional, a segunda edição dos Jogos Pan-Americanos, na cidade de Buenos Aires, na Argentina (Araujo, 1997).

2.2 O *Rugby* em Cadeira de Rodas

2.2.1 O surgimento do *Rugby* em Cadeira de Rodas

O *Rugby* em Cadeira de Rodas (RCR) foi criado em 1977, na cidade de Winnipeg, Canadá, por um grupo de tetraplégicos que buscava um novo esporte além do basquete em cadeira de rodas, pois, nessa modalidade, havia poucas possibilidades devido a seu tipo de lesão e a seu comprometimento motor. A princípio, esse novo esporte recebeu o nome de *Murderball* ("bola assassina"), mas, com o passar dos anos e devido ao nome que remetia à violência, foi rebatizado, passando a ser chamado de *Wheelchair Rugby* ou *Quad Rugby* (IWRF, 2009).

Em 1981, surgiu a primeira equipe de RCR nos EUA e, em 1982, ocorreu o primeiro torneio internacional entre equipes de RCR do Canadá e dos EUA. Nos anos seguintes, o RCR surgiu em outros países; em 1989, a equipe da Grã-Bretanha foi até o Canadá e, pela primeira vez, uma equipe de outro continente jogou contra as equipes do Canadá e dos EUA (IWRF, 2009).

Em 1990, o RCR foi apresentado como modalidade de demonstração nos Jogos Mundiais em Cadeira de Rodas e, em 1993, com 15 equipes de países diferentes, foi reconhecido oficialmente como um esporte internacional para pessoas com deficiência física. Nesse mesmo ano, a Federação Internacional de Rugby em Cadeira de Rodas – International Wheelchair Rugby Federation (IWRF) – foi criada e reconhecida pela

Federação Internacional de Esportes em Cadeira de Rodas de Stoke Mandeville – International Stoke Mandeville Wheelchair Sports Federation (ISMWSF). Em 1994, o RCR foi oficialmente reconhecido pelo Comitê Paralímpico Internacional como modalidade paralímpica (IWRF, 2009).

O primeiro Campeonato Internacional de RCR aconteceu somente em 1995, na cidade Suíça de Nottwil, e contou com oito equipes. Em 1996, o RCR foi incluído como modalidade de demonstração nos Jogos Paralímpicos de Atlanta e só nos Jogos Paralímpicos de Sydney, em 2000, o RCR foi disputado valendo medalhas.

Atualmente, a IWRF conta com 25 países filiados, que têm o RCR consolidado (IWRF, 2014a), e com 21 países onde o esporte está em desenvolvimento (IWRF, 2014b).

2.2.2 O surgimento do *Rugby* em Cadeira de Rodas no Brasil[1]

Primeiro, gostaríamos de enaltecer todos os bravos jogadores brasileiros que participaram da primeira seleção brasileira de RCR no Mundial de Cadeiras de Rodas e Amputados (Tributo à Paz), em 2005, por meio de um projeto com propósitos bem definidos para a implantação da modalidade no Brasil, idealizado alguns anos antes do evento, com o reconhecimento da IWRF. Lembrando, ainda, que esse feito, registrado pela imprensa nacional e internacional, colocou o Brasil no *ranking* internacional como o primeiro país da América do Sul a praticar a modalidade, posição essa que se mantém em destaque até o presente momento.

Fundamentado com base nas experiências vivenciadas nesse marco inicial da prática do RCR no Brasil, é aprazível relatar com riqueza de detalhes a história dessa fantástica modalidade, que tem transformado a vida de profissionais de diversas áreas e de jogadores envolvidos com o

---

[1] Este item é um relato das experiências vividas por um dos autores do capítulo, Moyses M. S. Sant'Anna, feito com base em um artigo publicado pelo periódico *Jornal da Luta*, em 2009.

paradesporto. Entretanto, faz-se uso dessas prerrogativas para, modestamente, incitar o que se segue.

Está bem claro que o esporte não tem "dono"; a prática da atividade desportiva, ao longo da História, faz parte da cultura das civilizações. Uma detida análise sobre o assunto leva a perceber que a essência característica de cada povo reflete-se nessa prática secular que, como na Grécia Antiga, onde os exercícios físicos e as atividades físicas tiveram realce, atualmente, o mesmo fenômeno, sem dúvida, assume um papel dos mais importantes no fim do século XX e neste início do terceiro milênio, refletido na pujança dos Jogos Olímpicos, idealizados pelo pedagogo Barão de Coubertin.

Considerada um fator de desenvolvimento individual, segundo Campos (2001),e parte essencial de toda organização, já que se constitui num fenômeno social, econômico, político e cultural, a prática desportiva contribui para o progresso humano e influi diretamente no desenvolvimento de um povo, haja vista a superposição dos países subdesenvolvidos e os desportivamente mais fracos nos mapas de educação da Unesco.

É com base nesses conceitos e na legislação vigente que se afirma que o esporte não tem "dono". Sendo uma das mais vigorosas e constantes manifestações da vida social, caracteriza-se como um direito do cidadão, independentemente do sexo, da idade, da capacidade e da condição social, é dever do Estado (Art. 217, CF/88) e responsabilidade de todos. Dessa forma, Moyses Sant'Anna assume o papel social nesse item como mero transmissor dos conhecimentos que lhe foram propiciados.

Sendo o homem, se comparado a outros animais, o único que nasce sem qualquer proteção para a manutenção de sua sobrevivência, necessitando integralmente da assistência materna para sua evolução e desenvolvimento, tornou-se o mais capaz para se adaptar às diversas condições impostas pela natureza. Assim, historicamente, a adaptação do homem em todos os âmbitos sociais tem marcado sua evolução para sua própria subsistência. Nesse contexto, o conceito atual de adaptação do meio para a maior eficiência do homem tem sobrepujado o conceito de adaptação do homem ao meio, principalmente dos indivíduos considerados deficientes.

Como não poderia ser diferente no esporte, o que é mais pragmático na sustentação de sua prática, sobretudo, os aspectos dos benefícios físicos e sociais que norteiam o homem, adaptar-se para uma maior eficiência e inclusão, tornaram-se uma condição *sine qua non* nesse segmento sociocultural.

Tais aspectos chamaram-lhe a atenção na modalidade RCR desde o primeiro contato, tendo em vista que as peculiaridades desse jogo abrangem a maior diversidade funcional na elegibilidade para sua prática, como as condições neurológicas, que têm como sequela a tetraparesia, ou não neurológicas, chamadas de tetraequivalentes. Considerando ainda a não diferença de gêneros, sendo a única modalidade paralímpica coletiva que permite ao gênero feminino disputar em condições de igualdade em relação ao gênero masculino. Dessa forma, acredita-se que esses são os motivos pelos quais o RCR é a modalidade paradesportiva que mais cresce no mundo.

Foi com essa visão que se deparou com o primeiro contato com o RCR e, consequentemente, a busca incessante pelo conhecimento no segmento paradesportivo motivou um grande investimento para trazer essa fantástica modalidade para o Brasil, considerando que não havia qualquer vestígio dessa prática nos países da América do Sul. Assim, depois de ter a oportunidade de conhecer Atenas (Grécia), em 1997, quando, ainda de férias de uma temporada, na qual trabalhava como fisioterapeuta do futebol convencional no Kuwait, Sant'Anna tomou conhecimento de que o RCR teria sua segunda participação em uma paralimpíada e seria uma das modalidades mais competitivas, sendo a Grécia o país candidato a sediar a 12ª edição dos Jogos Paralímpicos de Verão, em 2004.

Prontamente, ao voltar ao Brasil, passou a pesquisar a modalidade, e a primeira pergunta que surgiu foi: por que ainda não existe esse esporte no Brasil, considerando sua importância social?

No ano de 2003, Sant'Anna definitivamente resolveu investir para conhecer de perto o RCR; portanto, não hesitou em fazer contato com a comissão organizadora do evento. Diga-se, em destaque, que uma das grandes iniciativas para essa edição foi a adoção inédita de um comitê organizador único, responsável por coordenar as ações dos Jogos Olímpicos e Paralímpicos. Pela primeira vez na História, os Jogos

Olímpicos e Paralímpicos de Verão foram organizados pelo mesmo comitê, fazendo parte do mesmo evento, tendo como presidenta Gianna Angelopoulos-Daskalaki.

Em seguida, prosseguindo com o ideal de trazer a modalidade para o Brasil, Sant'Anna fez a inscrição como voluntário nos XII Jogos Paralímpicos de Atenas, deixando claro que só iria para atuar junto ao RCR. Ele ressalta que, na ocasião, paralelamente, exercia a função de coordenador de dois cursos, Fisioterapia e Educação Física, em determinada instituição no Rio de Janeiro, quando, plenamente comprometido na gestão de cursos superiores de graduação, planejou o projeto político-pedagógico e a grade curricular para a formação de profissionais com perfil profissiográfico para atuarem com pessoas com deficiência. Isso seria inédito em um curso de graduação no Rio de Janeiro, se fosse posto em prática, considerando que, até o momento, há grande defasagem de profissionais especializados para os diversos tipos de atendimento nesse segmento.

Em setembro de 2004, uma semana antes do início dos jogos, com recursos próprios, Sant'Anna embarcou para Atenas e, assim que chegou, foi recebido com muito entusiasmo pela gerente de seleção e treinamento para voluntários internacionais, Olga Kikou. Tal entusiasmo se deu, segundo ela, pelo fato de já conhecer o seu propósito em buscar conhecimentos sobre a modalidade em questão. Sendo assim, foi privilegiado por ficar exclusivamente para o RCR, em comparação aos demais voluntários, que faziam rodízio para atender a outras modalidades.

Figura 2.1 – As melhores seleções do mundo de RCR marcaram presença nos XII Jogos Paralímpicos de Atenas.

Com uma semana no centro de treinamento em Dekélia, numa grande área militar, Sant'Anna teve contato com a nata rugbeira de vários países e pôde acompanhar desde os programas de treinamento até o tratamento especializado de diversos profissionais envolvidos numa equipe de alto rendimento. Na segunda semana, foi escalado para atuar *indoor* em todos os jogos do evento, experiência, essa, deslumbrante. O nível técnico desportivo das equipes representantes de seus países era altíssimo.

Naquele momento, ele pôde compreender que o paradesporto de alto rendimento não deixa a desejar, em hipótese alguma, para as modalidades convencionais, seja no nível técnico, seja na *performance* física.

Muito entusiasmado com a experiência, Sant'Anna tratou de coletar todas as informações possíveis sobre a modalidade: manual de regras, de treinamento e de classificação.

Durante a realização dos jogos, Sant'Anna teve a grata satisfação de, inevitavelmente, encontrar-se com alguns representantes do Brasil de diversas entidades paradesportivas. Na ocasião, foi apresentado pelo presidente da Associação Nacional de Desporto para Deficientes (Ande) ao então presidente da Associação Brasileira de Cadeira de Rodas, Amputados *& Les Autres* que, ao tomar conhecimento do propósito de sua viagem, interessou-se em agregar valores para desenvolver a modalidade no território brasileiro. Em seguida, teve a oportunidade de conhecer o presidente da IWRF e fazer a pergunta que mais o incomodava: o que seria necessário para levar o *Rugby* adaptado para o Brasil? A resposta foi mais objetiva ainda: como primeiro passo, participar de uma clínica internacional de *Rugby* adaptado. Sendo assim, em setembro do mesmo ano, Sant'Anna embarcou para fazer sua primeira clínica, subvencionado pela Federação Mexicana de Desporto sobre Cadeira de Rodas (Femedessir), com a chancelaria da IWRF. A clínica foi conduzida no Centro Paralímpico Mexicano, em Mixhuca, na Cidade do México. Mais uma vez, um investimento financeiro parcial, que, sem sombra de dúvidas, valeu a pena, não só pelo material completo que adquiriu sobre treinamento, classificação e regras, mas pelo cabedal de conhecimento transmitido pelos professores na clínica.

Figura 2.2 – Centro Paralímpico Mexicano (2004).

Em 2005, como já havia traduzido para a língua portuguesa uma parte do material sobre o jogo de *Rugby*, Sant'Anna foi convidado pela extinta Abradecar para fazer um jogo de apresentação nos Jogos Mundiais de Cadeira de Rodas e Amputados, em setembro do mesmo ano, com o tema "Tributo à Paz", evento organizado pela Internacional Wheelchair and Amputee Sports Federation (IWAS). É a competição mais antiga do calendário do paradesporto mundial e, aqui no Brasil, por ter sido a primeira vez, contou com a chancela da Federação Internacional de Esportes em Cadeira de Rodas de Stoke Mandeville (ISMWSF) e da Organização Internacional de Esportes para Deficientes (Isod), entidades precursoras do esporte adaptado e fundadoras do Comitê Paralímpico Internacional (IPC).

A última edição dessa competição havia acontecido na Nova Zelândia, em 2003, e contou com a participação de 860 atletas de 43 países.

Foi elaborado, então, um projeto contendo todos os insumos necessários para a realização da apresentação, incluindo um planejamento para o fomento da modalidade depois da competição, como a sugestão de criação de uma federação e/ou associação brasileira de RCR. Esse projeto foi entregue à extinta Abradecar, assim como ao representante da IWRF durante o evento.

Paralelamente à organização e à elaboração do projeto, Sant'Anna procurou uma das pessoas mais influentes no movimento dos direitos das pessoas com deficiência, o pedagogo Jefferson Maia, que prontamente dividiu o ideal com entusiasmo contagiante. Deslumbrado pelas características da modalidade, não hesitou em contatar todos os possíveis interessados em participar do evento.

Com apenas três meses para preparar uma equipe, foi definida uma comissão técnica para o início dos trabalhos, tendo como responsável técnico o professor Paulo Sérgio Sales. Dentre o grupo, havia atletas e ex-atletas de basquetebol, pessoas ligadas ao movimento paradesportivo e ao segmento de maneira geral, assim como pessoas que jamais haviam participado de uma competição nacional ou mesmo internacional. Coube-lhe, então, na ocasião, a função de delegado nacional da modalidade. Os treinamentos aconteceram no Centro Integrado de Atenção à Pessoa com Deficiência (Ciad) Mestre Candeia, na cidade do Rio de Janeiro.

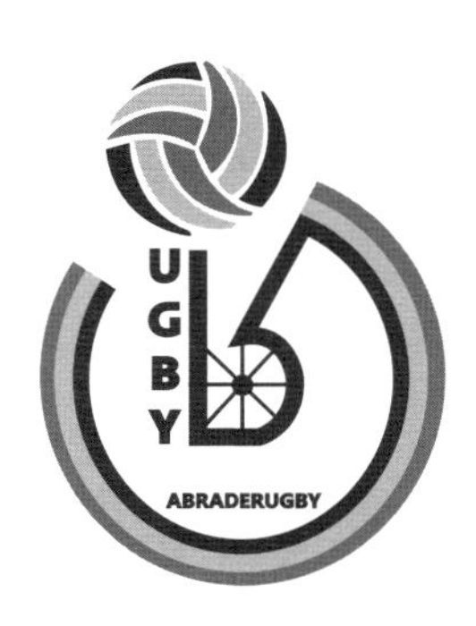

Figura 2.3 – Logomarca escolhida pelos jogadores para representar a seleção brasileira na ocasião do evento, no ano de 2005.

Durante os meses que precederam os Jogos Mundiais de Cadeira de Rodas e Amputados, a comissão organizadora da modalidade, lançou um concurso para a escolha de uma marca que pudesse representar a seleção brasileira de RCR, e a ganhadora foi a fisioterapeuta da comissão técnica Ana Claudia Rodrigues Lovor. Essa logomarca foi sugerida em outros projetos posteriores.

Com apenas um mês para o início do mundial, a IWRF insistentemente convidava a equipe brasileira para participar oficialmente da competição, ou seja, para deixar de fazer apenas uma apresentação, já que o regulamento técnico permitia que o país sede do evento participasse sem precisar estar no *ranking*. Foi convocada, então, uma reunião com a equipe técnica do time brasileiro, na qual todos decidiram aceitar o convite. Atentando que a modalidade não fazia parte da cultura esportiva brasileira, assim como não havia tempo suficiente nem recursos para que a equipe brasileira pudesse ter igualdade de condições diante das equipes internacionais, Sant'Anna considera que foi uma decisão inteligente do grupo participar oficialmente do evento, pois os benefícios estão sendo desfruta-

Figura 2.4 – Escudo oficial do Rio Quad Rugby Clube (RQRC), fundado em julho de 2007.

dos até hoje, não só pela colocação no cenário internacional, mas pelas diversas experiências particulares que cada participante obteve. Cabe ressaltar o relato de uma mãe que, dois meses depois da competição, procurou a equipe técnica para agradecer pelo fato de a participação de seu filho no grupo ter transformado a rotina de sua vida.

Segundo a entidade mantenedora na ocasião, hoje extinta, os recursos para a participação da equipe brasileira não foram orçados a tempo pelo fato de a ideia inicial ter sido apenas um jogo de apresentação; sendo assim, não foram alocados recursos logísticos como uniforme, traslado e hospedagem, gerando enorme descontentamento no grupo.

Teve-se o prazer de receber duas equipes norte-americanas, uma equipe canadense e uma equipe sul-africana, e, como já era de esperar, a participação do Brasil não almejou uma colocação competitiva. Mesmo se houvesse todos os recursos materiais disponíveis, alguns participantes jamais haviam assistido a um vídeo ou presenciado um jogo de RCR, o que não mudaria muito em termos de colocação na competição, uma situação bem diferente da cultura "futebolística" brasileira. Assim, presenteou-se com um espetáculo à parte, na disputa final entre as equipes principais dos EUA e do Canadá.

Em 2006, Sant'Anna manteve o contato com a IWRF com o intuito de prosseguir com o trabalho iniciado como coordenador nacional da modalidade, mas, limitado por não haver continuidade do fomento pela Abradecar, cujo processo de extinção se iniciava naquele momento. Diga-se, por mérito, entidade que permitiu que o *Rugby* adaptado chegasse ao Brasil.

Sant'Anna dedicou-se, então, a escrever sobre o RCR, visto que seria outra forma de contribuir para divulgar mais informações sobre a modalidade, considerando a escassez de material existente. Obra essa, ainda em andamento, intitulada *Wheelchair Rugby: uma nova perspectiva mundial do esporte adaptado*.

Com a semente implantada, a busca incessante de patrocínio por meio da iniciativa privada para dar continuidade ao fomento ao esporte, em 2006, foi convidado pelo pedagogo Jefferson Maia e pelo professor de Educação Física Ricardo Prates para atuar somando valores na elaboração de um projeto intitulado *Viver não é preciso, jogar Quad Rugby é preciso*, apresentado ao Instituto Muito Especial, organização da sociedade civil de interesse público, que contribui para a inclusão social e profissional da pessoa com deficiência. Assim, a insistência para encontrar parcerias levou-o até mesmo à elaboração de um vasto orçamento com fabricantes internacionais das cadeiras de *Rugby*, além de todos os insumos materiais e humanos necessários para a manutenção de uma equipe desportiva de RCR, entretanto, foi, mais uma vez, surpreendido pelas diversas barreiras alheias à sua vontade.

No mesmo ano de 2006, ao participar da I Feira Nacional de Acessibilidade e Reabilitação, entre os dias 21 e 23 de setembro no Riocentro (RJ), com o objetivo de preparar o Rio de Janeiro para os Jogos Parapan-Americanos de 2007, tomou conhecimento da existência de outro grupo de pessoas remanescentes do mundial em 2005 que deu continuidade à prática do RCR no Rio de Janeiro, porém, atuando como uma organização não governamental (ONG), chamada Centro de Referências Guerreiros da Inclusão. Durante a feira, essa entidade participou com a apresentação de várias atividades socioinclusivas, dentre elas, uma apresentação de RCR.

No ano de 2007, novamente, Sant'Anna recebeu um convite para fazer parte da fundação do Rio Quad Rugby Clube (RQRC), entidade civil de direito privado, sem fins lucrativos, de caráter socioesportivo.

Com o mesmo entusiasmo, porém agora tendo a parceria da direção de um clube, prosseguiu sua busca incessante para dar continuidade ao idealismo que já havia se tornado uma realidade. Dessa forma, reconstituiu-se um novo grupo de trabalho com uma nova perspectiva, voltado à prática esportiva popular em nível básico, educativo e inclusivo, afastando-se um pouco do esporte de alto rendimento, pois poucos têm a oportunidade de adquirir uma cadeira esportiva de *Rugby*. Com esse propósito, o projeto intitulado *Inclusão social e qualidade de vida através do Rugby em cadeira de rodas* foi apresentado à Secretaria Municipal da Pessoa com Deficiência do Rio de Janeiro, fundamentado nas necessidades de uma grande demanda de pessoas, a qual se tomou conhecimento por meio do senso demográfico do IBGE de 2000, realizado na cidade do Rio de Janeiro. O projeto ainda está tramitando na Secretaria.

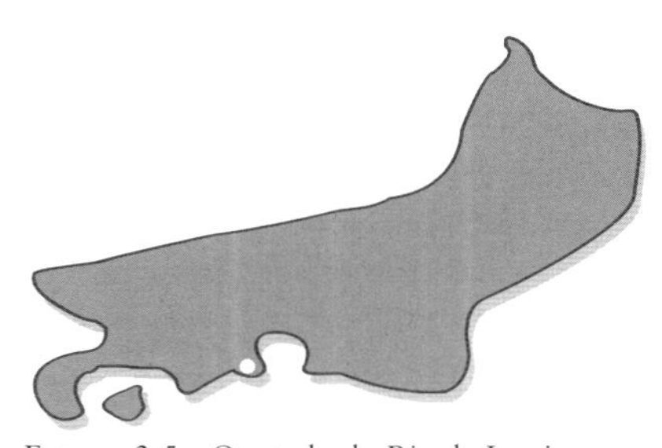

FIGURA 2.5 – O estado do Rio de Janeiro.

Fonte: Censo demográfico do IBGE (2000).

População total: 14.392.106
População com deficiência: 2.131.762
População de 0 a 17 anos com deficiência: 189.855
0 a 4 anos: 25.144
5 a 9 anos: 48.914
10 a 14 anos: 70.833
15 a 17 anos: 44.964
18 a 24 anos: 124.297

Outras ações individuais foram tomadas na incessante tentativa de fomentar e divulgar a modalidade no Rio de Janeiro. Tendo o âmbito universitário como um forte aliado em suas atividades profissionais, Sant'Anna foi convidado por várias instituições de ensino superior para divulgar o *Rugby* adaptado na disciplina de Educação Física Especial. A repercussão foi tão contagiante que, em 2007, foi convidado para uma palestra no fórum da Semana de Inclusão da Pessoa com Deficiência do Sesc Madureira, e uma apresentação do jogo foi feita pelo time da organização não governamental Centro de Referências Guerreiros da Inclusão. Em 2008, no mesmo evento promovido pelo Sesc, o RQRC foi a equipe convidada para uma apresentação do jogo, seguida, paralelamente, pela palestra de esclarecimentos sobre a modalidade.

Várias iniciativas individuais foram seguidas pelos dirigentes dos clubes, especialmente os do RQRC, que também atuaram no âmbito universitário promovendo palestras e apresentações do jogo.

O primeiro *workshop* teórico e prático feito por um jogador profissional de *Rugby* adaptado no Rio de Janeiro ocorreu no dia 23 de fevereiro de 2008, na Vila Olímpica Dias Gomes, mais conhecida como Piscinão de Deodoro. O atleta Brian Muniz, da equipe Chicago Bears (EUA), ministrou aulas práticas e teóricas. Ele falou da alegria de poder divulgar o esporte no Brasil.

Ainda em 2008, enquanto os dois clubes cariocas já praticavam aleatoriamente a modalidade, mediante a perspectiva do surgimento de novas entidades interessadas em fomentar a prática do *Rugby* adaptado no país, oportunamente viu-se a necessidade, novamente, da fundação de uma Associação Brasileira de *Rugby* em Cadeira de Rodas, como já havia sido proposto em 2005, entretanto, dessa vez, com o grande diferencial em apresentar o projeto diretamente ao Comitê Paralímpico Brasileiro (CPB). Com base na experiência adquirida no Mundial de Cadeira de Rodas e Amputados, em 2005, e o legado deixado pela participação do Brasil numa competição de alto nível, no dia 3 de março fundou-se a Associação Brasileira de *Rugby* em Cadeira de Rodas (ABRC), com sede provisória na cidade do Rio de Janeiro, que designou a Sant'Anna a grata função de coordenar o Departamento de Classificação Funcional. Por motivos éticos, a primeira providência foi desvincular-se do conselho diretor do RQRC, dedicando-se exclusivamente à ABRC.

A ABRC é uma entidade sem fins lucrativos, com o objetivo de desenvolver, organizar, fomentar e administrar a modalidade em nível nacional, com o apoio do CPB, sem o qual não seria possível alcançar o grande feito de participar da Canada Cup, em 2008, em Vancouver, da qual oito equipes participaram – Canadá, EUA, Japão, China, Austrália, Grã-Bretanha, Nova Zelândia e Alemanha. Na ocasião, apenas três fundadores da ABRC participaram do evento, tendo em vista que o intuito da viagem foi o de apresentar aos diretores da IWRF a mesma proposta de 2005, ou seja, para fomentar a modalidade em território brasileiro, porém, dessa vez, com o apoio do CPB, que colocou o RCR no quadro de modalidades paradesportivas brasileiras.

Figura 2.6 – Logo da ABRC.

Figura 2.7 – Logo da Canada Cup de 2008.

Oportunamente, o aperfeiçoamento no curso de Classificação Funcional, chancelado pela IWRF, foi muito proveitoso a Sant'Anna, tendo alcançado o patamar de Classificador Internacional Nível 2.

Em atendimento ao propósito de criação da ABRC, a Coordenação de Classificação elaborou o primeiro projeto intitulado *Proposta de implantação do curso de capacitação para classificação paradesportiva em* Rugby *de cadeira de rodas*, com o intuito de capacitar novos profissionais para atuarem nessa modalidade. Com base nessa proposta de curso de capacitação, a ABRC promoveu vários outros para o fomento da modalidade em outros estados brasileiros – a princípio em São Paulo, tendo como foco a Universidade Estadual de Campinas (Unicamp) – pelo reconhecimento do trabalho profissional já desenvolvido com outras modalidades.

O objetivo alcançado, disseminar as regras e todo o conhecimento sobre o *Rugby*, proporcionou o surgimento de outras equipes. A Associação de Esportes Adaptados de Campinas (Adeacamp), com vasta experiência na formação de para-atletas em diferentes modalidades, além de profissionais especializados, é um exemplo do rápido crescimento e desenvolvimento do *Rugby* brasileiro, por meio do projeto *Atividades Motoras e Esporte Adaptado*, desenvolvido pelo curso de graduação em Educação Física da Unicamp. A implantação do RCR teve total adesão dos participantes elegíveis.

Na sequência dos trabalhos, foi organizada uma programação de jogos seletivos, com o objetivo de promover a classificação funcional dos atletas e a formação da seleção brasileira. O primeiro torneio foi promovido nos dias 2 e 3 de agosto de 2008, no Rio de Janeiro, no ginásio Miécimo da Silva, no bairro de Campo Grande. O evento foi organizado e realizado pela ABRC. Na ocasião, houve a participação de mais uma equipe: Unisul/OMDA (Florianópolis-SC), RQRC (Rio de Janeiro-RJ) e a Guerreiros da Inclusão (Rio de Janeiro-RJ). Trinta atletas disputaram 16 vagas para a seleção brasileira de RCR.

A segunda seletiva foi organizada em um torneio curto, em 27 de setembro de 2008, na Escola Estadual Antônio Prado Júnior, no bairro da Tijuca, no Rio de Janeiro, com a participação de três equipes: RQRC, Adeacamp e Guerreiros da Inclusão. Novamente, foram pré-convocados

Figura 2.8 – Logo do Maximus Quadrugby Open MMIII.

16 atletas para compor a Seleção Brasileira de *Rugby* Adaptado, e dez atletas foram para a Colômbia representar o país pela primeira vez em uma competição internacional.

O primeiro desafio para a seleção brasileira foi o convite da IWRF para participar do torneio Maximus Quadrugby Open MMIII, promovido pela Fundação Arcangeles, na cidade de Bogotá, na Colômbia, ocorrido entre os dias 15 e 22 de novembro de 2008. Apesar de esse evento não fazer parte do calendário de competição oficial, foi chancelado pela IWRF com o propósito de desenvolver o RCR na América do Sul e contou com a participação das seguintes seleções: Brasil, Colômbia I (Bogotá), Colômbia II (Cali), Argentina, Canadá e EUA.

Em seguida, o CPB promoveu o 1º Campeonato Brasileiro de *Rugby* em Cadeira de Rodas, em dezembro de 2008, realizado na Associação Niteroiense dos Deficientes Físicos (Andef), na cidade de Niterói (RJ), tendo a participação de três equipes. A equipe do RQRC sagrou-se campeã; a equipe da Adeacamp ficou com a segunda colocação; e a equipe Guerreiros da Inclusão terminou na terceira posição.

A segunda edição do Campeonato Brasileiro de *Rugby* em Cadeira de Rodas ocorreu entre 21 e 24 de maio na cidade de Paulínia (SP). Teve a participação de cinco equipes, duas a mais que a edição anterior, em 2008, sendo a Adeacamp a equipe campeã. Nessa edição de Paulínia (SP), foram convocados 12 atletas para disputarem, entre os dias 15 e 19 de junho de 2009, a segunda edição do torneio Maximus Quadrugby Open MMIX, realizado na cidade de Niterói (RJ), com a presença das seleções do Brasil, da Argentina, da Colômbia, dos EUA e da Grã-Bretanha.

Figura 2.9 – Logo do Maximus Quadrugby Open MMIX.

Depois da segunda edição do torneio Maximus Quadrugby Open MMIX, deu-se início a uma longa preparação, inclusive com uma pré-temporada da seleção brasileira para participar do campeonato nacional da United States Quad Rugby Association (USQRA), na cidade de Birmingham, no estado do Alabama (EUA), nos dias 17 e 18 de abril de 2010, para adquirir cadeiras de rodas esportivas importadas e melhor adequar o conjunto atleta-equipamento. Em destaque, mais uma relevante iniciativa do CPB para o fomento da modalidade RCR no Brasil, que já pode ser observado na evolução de atletas e equipes que têm participado do Campeonato Brasileiro, realizado anualmente em diferentes regiões do país. Abaixo, seguem os quadros de classificação das equipes nesse torneio, de sua primeira edição até 2013:

Quadro 2.1 – Classificação do 1º Campeonato Brasileiro de *Rugby* em Cadeira de Rodas, realizado em Niterói/RJ - 2008

Equipe	**Classificação**
Rio Quad (RJ)	1º lugar
Adeacamp/Unicamp (SP)	2º lugar
Guerreiros da Inclusão (RJ)	3º lugar

Quadro 2.2 – Classificação do 2º Campeonato Brasileiro de *Rugby* em Cadeira de Rodas, realizado em Paulínia/SP- 2009

Equipe	**Classificação**
Adeacamp/Unicamp (SP)	1º lugar
Guerreiros da Inclusão (RJ)	2º lugar
Rio Quad (RJ)	3º lugar
Tigres (SP)	4º lugar
Unisul/OMDA (SC)	5º lugar

Quadro 2.3 – Classificação do 3º Campeonato Brasileiro de *Rugby* em Cadeira de Rodas, realizado em Ceilândia/DF - 2010

Equipe	Classificação
Adeacamp/Unicamp (SP)	1º lugar
Tigres (SP)	2º lugar
Guerreiros da Inclusão (RJ)	3º lugar
Rio Quad (RJ)	4º lugar
IBDD (RJ)	5º lugar
Andef (RJ)	6º lugar
ADGE (DF)	7º lugar
BH Rugby (MG)	8º lugar
Mocipedh (DF)	9º lugar
Socel (RJ)	10º lugar

Quadro 2.4 – Classificação do 4º Campeonato Brasileiro de *Rugby* em Cadeira de Rodas, realizado em Belo Horizonte/MG - 2011

Equipe	Classificação
Adeacamp/Unicamp (SP)	1º lugar
Tigres (SP)	2º lugar
Unisul/OMDA (SC)	3º lugar
ADGE (DF)	4º lugar
BH Rugby (MG)	5º lugar
Andef (RJ)	6º lugar
Rio Quad (RJ)	7º lugar

Em razão do aumento do número de equipes e atletas, e o calendário para a realização do Campeonato Brasileiro da modalidade ser restrito, no congresso técnico para a realização do 5º Campeonato Brasileiro de *Rugby* em Cadeira de Rodas, ocorrido na cidade de Matinhos/PR, no qual estavam presentes os dirigentes de cada equipe participante do torneio, foi definido que, a partir daquela edição, os Campeonatos Brasileiros passariam a ser divididos em primeira e segunda divisões, sendo que a equipe campeã da segunda (divisão de acesso) conquistaria o acesso à primeira, enquanto o último colocado na primeira seria automaticamente rebaixado.

Quadro 2.5 – Classificação do 5º Campeonato Brasileiro de *Rugby* em Cadeira de Rodas, realizado em Matinhos/PR - 2012

1ª Divisão	
Equipe	**Classificação**
Adeacamp/Unicamp (SP)	1º lugar
OMDA (SC)	2º lugar
BH Rugby (MG)	3º lugar
Santer (RJ)	4º lugar

2ª Divisão	
Equipe	**Classificação**
BSB (DF)	1º lugar
Gladiadores (PR)	2º lugar
APC (SP)	3º lugar
Andef (RJ)	4º lugar
Rio Quad (RJ)	5º lugar

Quadro 2.6 – Classificação do 6º Campeonato Brasileiro de *Rugby* em Cadeira de Rodas, realizado em Matinhos/PR - 2013

1ª Divisão	
Equipe	**Classificação**
Gladiadores (PR)	1º lugar
Adeacamp/Unicamp (SP)	2º lugar
BSB (DF)	3º lugar
Santer (RJ)	4º lugar

2ª Divisão	
Equipe	**Classificação**
Gigantes (SP)	1º lugar
Minas Quad (MG)	2º lugar
Titans (PR)	3º lugar
Irefes (ES)	4º lugar
Seleção paraguaia	5º lugar

Como a Argentina foi o segundo país da América do Sul a seguir os passos do Brasil para desenvolver o RCR, tendo participado dos principais eventos promovidos pela IWRF, foi escolhida para sediar o Campeonato Panamericano de *Rugby* em Cadeira de Rodas, ocorrido nos dias 29 e 31 de outubro de 2009, na cidade de Buenos Aires, promovido pela Fundación Rugby Amistad. O evento contou com a participação dos EUA, do Canadá, da Argentina e do Brasil – com a ausência inesperada da Colômbia –, restando ao Brasil e à Argentina disputarem a vaga para o Mundial de *Rugby* em Cadeira de Rodas, que aconteceria em setembro de 2010, em Vancouver, Canadá. No jogo decisivo, os argentinos ficaram com a última vaga das Américas. Os EUA, por serem campeões paralímpicos em Pequim 2008, e o Canadá, por ser o país sede, já estavam com vagas garantidas.

Considerando que a implantação e a evolução da modalidade no Brasil como esporte de alto rendimento têm alcançado metas significativamente importantes no contexto paradesportivo, o desafio agora é popularizar o RCR, tornando acessíveis à comunidade os equipamentos necessários à sua prática, assim como estimulando o fomento de projetos de iniciação esportiva nas vilas olímpicas, centros de treinamento, universidades, escolas e clubes esportivos em todas as camadas sociais.

Espera-se que a história do *Rugby* adaptado no Brasil possa servir como exemplo de dedicação e idealismo, não apenas para o desenvolvimento técnico da modalidade, mas como base de conhecimento para a transformação social. Nesse contexto, ratifica-se a posição de que a prática do esporte, seja em qualquer modalidade ou nível de categoria, deve ser sempre orientada e administrada por profissionais qualificados que possam manter a filosofia do *fair play*. A prática do esporte competitivo, quando não conduzida nesse sentido, pode levar ao efeito inverso, desde o uso de drogas, como o *doping*, até a exclusão social.

Referências

ARAUJO, P. F. *Desporto Adaptado no Brasil*: Origem, Institucionalização e Atualidades. 1997. 152 f. Tese (Doutorado em Educação Física) – Faculdade de Educação Física, Universidade Estadual de Campinas, Campinas, 1997.

BEDBROOK, G. M. The Development and Care of Spinal Cord Paralysis (1918-1986). *Paraplegia*, n. 23, v. 3, 1987.

BRASIL. *Constituição da República Federativa do Brasil*, 1988.

CAMPOS, A. F. Esporte: direito de todos, dever do estado. *Novos Estudos Jurídicos*, ano 6, n. 12, p. 237-46, 2001.

COI. Great Britain – 29 August - 09 September 2012. Disponível em: <http://www.paralympic.org/paralympic-games/london-2012>. Acesso em: 25 jan. 2013.

GUTTMANN, L. *Spinal Cord Injuries*: Comprehensive Management and Research. Melbourne: Blackwell, 1973.

IWRF. *A Layperson's Guide to Wheelchair Rugby Classification*. 2009. Disponível em: <http://www.iwrf.com/resources/Laypersons_Guide_Classification.pdf>. Acesso em: 11 nov. 2009.

______. *Rankings*. 2013. Disponível em: <http://www.iwrf.com/?page=iwrf_rankings>. Acesso em: 25 jan. 2013.

______. *Rankings*. 2014a. Disponível em: <http://iwrf.com/?page=iwrf_rankings>. Acesso em: 2 abr. 2014.

______. *Rankings*. 2014b. Disponível em: <http://iwrf.com/?page=development>. Acesso em: 2 abr. 2014.

RIO QUAD RUGBY CLUBE. *Viver não é preciso, jogar Rugby é preciso*. Rio de Janeiro, 2006.

______. *Inclusão social e qualidade de vida através do Rugby adaptado*. Rio de Janeiro, 2007.

SANT'ANNA, M. A História e a "Estória" do Rugby Adaptado no Brasil. *J. Luta*, n. 12, ano III, out./nov., 2009. Disponível em: <http://en.calameo.com/read/000003862eec8ef50a6d7>. Acesso em: 9 dez. 2009.

3 A modalidade de *Rugby* em Cadeira de Rodas

Mateus Betanho Campana

O *Rugby* em Cadeira de Rodas (RCR) foi criado para possibilitar que pessoas com lesão da medula espinhal (LME) acima do ou no segmento T1 (tetraplegia) pudessem praticar uma modalidade esportiva coletiva de forma afetiva (IWRF, 2009a).

Inicialmente, o RCR era praticado apenas por tetraplégicos, mas, aos poucos, isso foi mudando e, hoje, pessoas com quadros equivalentes à tetraplegia também podem jogá-lo. Os quadros equivalentes à tetraplegia são as amputações ou as deformidades nos quatro membros do corpo, algumas sequelas de poliomielite, alguns casos de paralisia cerebral, artrogripose múltipla congênita[1] e alguns quadros deformantes congênitos, entre outros.

O processo de classificação dos atletas do RCR é feito por uma banca de classificadores, que executam uma série de testes motores para estipular uma primeira classificação. Posteriormente, os atletas classificados são observados durante os jogos para que a classificação inicial seja confirmada ou ajustada.

Os testes implementados pela banca de classificadores incluem testes para verificar a motricidade dos membros superiores e seus grupos musculares, além de verificarem a existência ou não de controle da musculatura do tronco.

Conforme os testes são feitos, cada grupo muscular recebe uma nota (quanto maior a motricidade, maior é a nota) e o somatório dessas notas dá ao atleta sua classificação esportiva.

A classificação esportiva é dividida em sete classes (0.5, 1.0, 1.5, 2.0, 2.5, 3.0, 3.5).[2] Os atletas tipicamente de defesa são os que recebem classificação esportiva entre 0.5 e 1.5 e os atletas tipicamente de ataque são aqueles que têm classificação esportiva entre 2.0 e 3.5.

---

[1] Artrogripose múltipla congênita é uma síndrome rara e não progressiva, caracterizada por alterações da pele, tecido celular subcutâneo, que é inelástico e aderido aos planos profundos, acompanhado de ausência das pregas cutâneas, músculos atrofiados e substituídos por tecido fibrogorduroso, articulações deformadas com limitação da mobilidade, rigidez e espessamento das estruturas periarticulares, com sensibilidade conservada. As deformidades, geralmente, são simétricas e a gravidade destas manifesta-se mais intensamente quanto mais distais as articulações na extremidade (Svartman et al., 1995).

[2] Optou-se por adotar a grafia internacional da pontuação atribuída aos jogadores de acordo com suas limitações.

Para manter a transparência durante o processo de classificação, o atleta avaliado está sempre acompanhado de um membro de sua equipe e há sempre a possibilidade de se pedir uma revisão de classificação por meio de protestos, que podem ser feitos por qualquer equipe, dentro do prazo estipulado e anunciado pelos classificadores, tanto para atletas da própria equipe como para atletas de equipes adversárias.

Um atleta pode ser reclassificado quantas vezes forem necessárias, até que receba a mesma classificação por três vezes seguidas, então, considerada, definitiva. Quando a classificação do atleta for definitiva, não poderá mais ser alterada ou sujeita a protestos. Para que isso aconteça, a banca de classificadores tem de ser sempre composta por classificadores do mesmo nível ou de nível superior ao da banca anterior (IWRF, 2009a).

Para ser um classificador, é necessário bom conhecimento de anatomia, cinesiologia, biomecânica e neuroanatomia, assim como bom domínio da língua inglesa. Além disso, os candidatos a classificadores devem fazer um curso de classificação introdutório e, aos poucos, irem se aperfeiçoando para atingir o *status* de classificador internacional. Dentro dos classificadores, existem quatro níveis:

- *Nível 1*: Classificador Nacional, atuando nas competições nacionais.
- *Nível 2*: Classificador Regional ou Internacional, atuando em competições continentais. Caso esse classificador trabalhe em algumas bancas com outros membros da mesma região, ele pode receber o *status* de Classificador Regional Nível 2. Se o classificador tiver a oportunidade de trabalhar com bancas nas quais os demais classificadores são de Nível Internacional, ele pode receber o *status* de Classificador Internacional Nível 2.
- *Nível 3*: Classificador Internacional, atuando em competições mundiais sob supervisão de outro Classificador Internacional de nível superior.
- *Nível 4*: Classificador Internacional, atuando plenamente em competições mundiais.

No *site* da International Wheelchair Rugby Federation (IWRF), há um *link* para os interessados fazerem o *download* do material de classificação para estudo. Há uma versão traduzida pela Associação Brasileira de Rugby em Cadeira de Rodas (ABRC) para o português.

O processo para se tornar Árbitro Internacional de RCR segue os mesmos princípios dos Classificadores, iniciando-se com cursos para a formação de Árbitros Nacionais. Estes devem, posteriormente, trabalhar em competições regionais com supervisão de Árbitros Internacionais. Se aprovados, terão o direito de arbitragem em jogos internacionais sob supervisão, o que garantirá a autonomia necessária para serem designados para as competições mais importantes, como o Campeonato Mundial e os Jogos Paralímpicos. O domínio da língua inglesa é essencial.

3.1 Regras básicas do *Rugby* em Cadeira de Rodas

O RCR é jogado em uma quadra com as mesmas dimensões das quadras de basquete e usa uma bola semelhante à do vôlei. A quadra semelhante à de basquete possibilita maior número de possíveis locais para a prática do RCR, e a bola redonda permite que mesmo os atletas mais comprometidos possam pegá-la e ter maior domínio sobre ela.

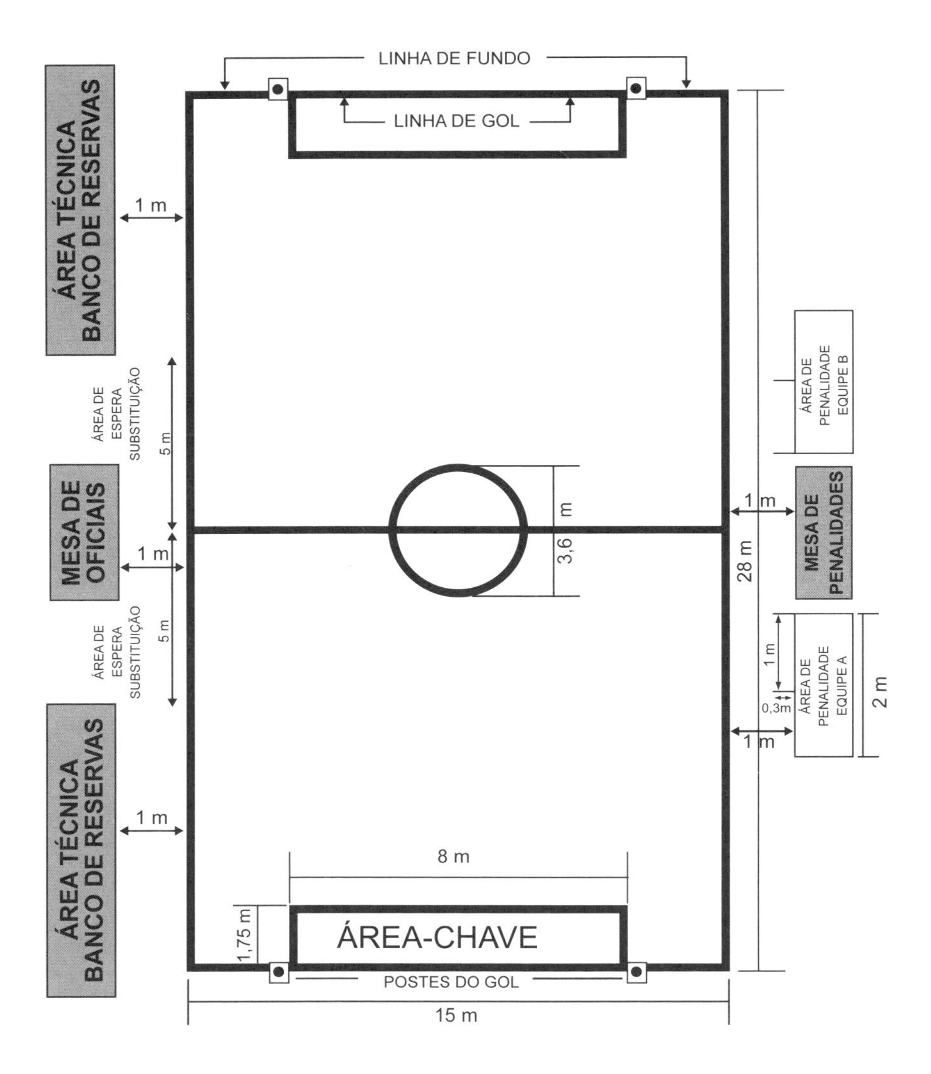

FIGURA 3.1 – A quadra do *Rugby* em Cadeira de Rodas.

Fonte: adaptado de <http://rugbiabrc.org.br/wp-content/uploads/2010/03/Quadra-2011.pdf>.

Cada partida é disputada em quatro tempos (ou períodos) de 8 minutos de duração e, cada vez que a bola para, por falta, por ter saído da quadra ou por ter sido marcado um gol, o cronômetro regressivo também para.

Entre o primeiro e o segundo períodos e entre o terceiro e quarto períodos, há um intervalo de 2 minutos. Entre o segundo e o terceiro períodos (que é a metade do jogo), há um intervalo de 5 minutos.

Os atletas de cada equipe têm direito de pedir quatro tempos de 30 segundos (desde que algum atleta da mesma equipe esteja com o domínio da bola) e o banco de reservas de pedir dois tempos de 1 minuto, que são pedidos pelo técnico, durante o jogo todo. Caso alguma equipe peça mais um tempo (de 30 segundos ou de 1 minuto) sem ter esse direito, é marcada falta técnica e a posse de bola passa para a equipe adversária.

Cada equipe pode ter até 12 atletas inscritos para uma partida, mas só quatro entram em quadra por vez. Não há limite para substituições, no entanto, a soma das pontuações dos quatro atletas que estão em quadra não pode exceder a oito pontos. Caso isso ocorra e a mesa de arbitragem perceba o erro, a equipe que ultrapassou os oito pontos em quadra é penalizada.

Cada equipe tem 12 segundos para atravessar a quadra para o lado do ataque, e 40 segundos, no total, para concluir a jogada. Caso ela perca a bola para a outra equipe, o relógio dos 40 segundos é reiniciado. Cada atleta também tem que bater a bola no chão ou passá-la para um companheiro de equipe antes de 10 segundos. Caso contrário, a posse de bola passa a ser da outra equipe. Durante os 10 segundos, o atleta pode conduzir a bola da maneira que lhe for mais conveniente.

Nas linhas de fundo da quadra, são colocados dois cones que demarcam o espaço para o gol e, a partir desses cones, é demarcada a chamada *área-chave*.

Dentro da área-chave, podem ficar no máximo três atletas de defesa. Caso um quarto atleta de defesa entre na área-chave, será punido com 1 minuto fora do jogo, ou até que sua equipe sofra um gol. Os atletas de ataque não podem ficar mais que 10 segundos dentro da área-chave e, caso isso ocorra, o atleta será punido com 1 minuto fora do jogo, ou até que sua equipe sofra um gol.

Em alguns casos, há o chamado *penalty goal*, que ocorre quando um atleta de defesa comete uma falta, mas a jogada é validada como gol como forma de punição, uma vez que o atacante iria marcar o gol caso a falta não tivesse sido cometida.

No jogo de RCR, não há empate. Quando o tempo regulamentar termina com o placar empatado, dá-se um intervalo de 5 minutos e se inicia a prorrogação.

Toda vez que a bola está para ser reposta em jogo, o árbitro a coloca no colo do *inbounder* (atleta que irá repô-la) e apita, iniciando a contagem de 10 segundos para que a bola esteja em jogo. Para que a bola seja considerada em jogo, basta que algum atleta tenha sua posse. Caso nenhum atleta consiga dominá-la dentro dos 10 segundos, o árbitro apita novamente e a posse de bola passa para a equipe adversária.

Durante o jogo, o contato entre as cadeiras de rodas é constante e totalmente legal desde que aconteça depois de o árbitro iniciar a jogada e seja na parte detrás da cadeira de rodas (sem tocar as rodas) ou entre a frente e o eixo das rodas maiores.

Caso o contato na parte detrás da cadeira de rodas seja muito violento ou atinja os pneus, o atleta que provocou a batida pode ser punido com falta. Isso também ocorre caso o atleta atinja o adversário depois do eixo das rodas grandes, fazendo este girar (*spin*). Essa é uma falta que, dependendo da intensidade, pode excluir o atleta que cometeu a infração.

No RCR, um atleta que esteja com a bola em direção ao seu ataque não pode voltar com ela para sua quadra de defesa ou passá-la para um companheiro de equipe que não esteja no ataque. Caso isso aconteça, a posse de bola passa a ser da equipe adversária. Em algumas situações de jogo, o adversário pode forçar o atleta que está com a bola a voltar para sua quadra de defesa, fazendo-o cometer a falta e perder a posse da bola.

Durante o jogo, por muitas vezes, ocorrem quedas em virtude do contato entre as cadeiras de rodas, mas os árbitros só interrompem a partida se a integridade física do atleta estiver ameaçada, se ele cometer uma infração durante a queda, como tocar o adversário, ou se, estando com a posse de bola, tocar o chão.

Os principais tipos de falta no RCR são (IWRF, 2013a):

- *Falta de excesso de carga*: não é permitido que um atleta bata na cadeira do oponente com velocidade ou força excessiva, colocando-o em risco.

- *Contato antes do apito*: não é permitido nenhum contato entre as cadeiras de rodas que promova uma flagrante vantagem sobre o adversário. Os contatos podem ocorrer legalmente assim que o árbitro apita e devem parar tão logo ele o faça novamente. Cada equipe recebe uma advertência em cada metade do jogo antes das punições começarem a ocorrer. A advertência do contato ilegal dada na segunda metade do jogo continua valendo caso a partida tenha prorrogação.
- *Quatro na área-chave*: na área-chave só podem ficar três atletas de defesa. Caso o quarto atleta de defesa entre na área-chave, ele cometerá a falta.
- *Agarrar*: não é permitido que o atleta segure ou agarre seu oponente com as mãos ou com outra parte do corpo, de forma que os movimentos do corpo do adversário sejam impedidos.
- *Deixar a quadra*: um atleta não pode deixar a quadra sem autorização quando a bola está parada. Quando um atleta está com a posse de bola, ele não pode deixar a quadra de propósito para interromper o jogo ou para obter vantagem sobre o adversário. Ele pode deixar a quadra para evitar que se fira ou que fira um adversário. Caso isso aconteça, deve voltar à quadra no mesmo lugar por onde saiu e, ao fazê-lo, não pode ter vantagem sobre um adversário, a não ser que se posicione primeiro; o atleta também não pode reivindicar a perda de uma vantagem por ter saído da quadra. O atleta da equipe que não tem a posse da bola não pode deixar a quadra cruzando a linha de fundo de sua quadra defensiva em nenhuma situação, a menos que a jogada esteja acontecendo longe da área-chave. O atleta que tem um companheiro com a posse de bola não pode deixar a quadra cruzando a linha de fundo da defesa adversária em nenhuma situação.
- *Uso ilegal das mãos*: não é permitido que um atleta use suas mãos ou os braços para ter algum tipo de contato vantajoso sobre o adversário.
- Spinning: não é permitido nenhum tipo de contato com a cadeira de rodas do adversário nas rodas de impulsão depois

de seu eixo, de modo que a cadeira do adversário faça um giro tanto na vertical quanto na horizontal, colocando em risco a integridade do atleta. Se o primeiro contato ocorrer antes do eixo da roda de impulsão e pelo movimento das cadeiras ocorrer o giro, não será falta.

- *Violação de 1 metro*: não é permitido que nenhum atleta, com exceção do *inbounder*, fique a menos de 1 metro de raio de distância da linha lateral ou de fundo da quadra onde a bola será recolocada em jogo.

Em cada jogo, há pelo menos sete pessoas responsáveis pela arbitragem. Um dos árbitros é responsável pelo cronômetro e pelo placar do jogo; outro, pelo cronômetro dos 40 segundos; um terceiro é responsável pela súmula do jogo. Há também um árbitro responsável pela mesa de penalidades, dois árbitros de quadra e um árbitro geral.

Caso haja alguma dúvida ou irregularidade, os árbitros de quadra podem interromper o jogo e consultar os demais árbitros e, depois, reiniciar a partida. Eles também têm o direito de voltar uma jogada, arrumar o placar (acrescentando ou retirando pontos das equipes), os cronômetros e, ainda, reverter uma posse de bola, caso seja necessário corrigir algum erro.

O manual com as regras do RCR também está disponível no *site* da IWRF e o *download* pode ser feito sem custo nenhum; ele se encontra em inglês e em português.

Para se iniciar o RCR em qualquer lugar que seja, são necessários uma quadra de piso duro, com as dimensões de uma quadra de basquete, devidamente demarcada conforme a Figura 3.1, além das cadeiras de rodas, das bolas e quatro cones.

Quando os treinos na FEF/Unicamp foram iniciados, a equipe tinha disponível apenas as cadeiras de rodas para os treinos de handebol em cadeira de rodas, mas isso não impediu a participação da equipe na seletiva e no 1º Campeonato Brasileiro. Obviamente, as cadeiras específicas para o RCR são muito melhores para a prática do esporte, mas isso não é essencial.

O essencial são as faixas para fixar o atleta ao assento de sua cadeira, as luvas para proteger suas mãos e os protetores de raios das rodas, para evitar que alguém se machuque, ficando com alguma parte do corpo presa entre esses raios. Além disso, a proteção dos raios também evita que as cadeiras se prendam uma nas outras, e, assim, que os raios se quebrem.

Quando o atleta senta-se em sua cadeira de rodas, deve-se observar que o assento deve ser elevado na frente e bem fundo na parte traseira, facilitando o controle da cadeira e a estabilização do atleta nesta.

Um ajuste que deve ser feito é em relação à altura do apoio dos pés. Quanto mais elevado, mais estável o atleta fica na cadeira de rodas e mais domínio da bola ele tem. Assim, é comum ver atletas de RCR que parecem não caber em suas cadeiras de tão perto que os joelhos ficam do rosto.

Um borrifador de água é outro material que deve ser sempre levado para a quadra em qualquer jogo ou treino para ajudar a resfriar os atletas que, devido à LME, têm o controle térmico do corpo comprometido, e muitos não transpiram. Importante também é que todos os atletas tenham uma garrafinha com água ou outra bebida para se hidratarem. Vale lembrar que quanto maior o calor, maior o cuidado com o superaquecimento corporal dos atletas, como também deve ser maior a atenção quanto à hidratação. Maior hidratação resulta em aumento da quantidade de vezes que os atletas têm de esvaziar a bexiga; daí, a importância de se treinar em um local onde haja um banheiro adaptado para os atletas.

Outro motivo para se ter um banheiro perto é a falta de controle dos esfíncteres. Em algumas situações, o atleta pode perder urina e fezes devido ao esforço, necessitando, o mais rápido possível, de higienização.

Uma pequena caixa de ferramentas – para possibilitar pequenos reparos e ajustes nas cadeiras de rodas, bem como o reparo de um pneu furado, extremamente comuns nesse esporte – e toalhas molhadas em água fria – para auxiliar no resfriamento dos atletas – devem estar entre os materiais usados em treinos e jogos.

Atualmente, parte das cadeiras de rodas usadas pelas equipes de RCR não são consideradas ideais e, em sua maioria, não estão de acordo com as regras estabelecidas pela IWRF. Apenas um fornecedor nacional interessou-se pela fabricação dessas cadeiras, mas ainda não conseguiu atender todos os requisitos exigidos. Assim, as cadeiras usadas pelos atletas da seleção brasileira foram adquiridas no exterior e são pouco acessíveis, devido ao alto custo de compra e importação.

As cadeiras de rodas são divididas em dois tipos: as de ataque e as de defesa. Como se pode observar nas Figuras 3.2 e 3.3, a cadeira de defesa tem um acessório na sua parte frontal para ajudar a travar e impedir a progressão dos adversários. As cadeiras de ataque não têm esse acessório, mas um para-choque frontal e "asas", para dificultar que fiquem presas entre si.

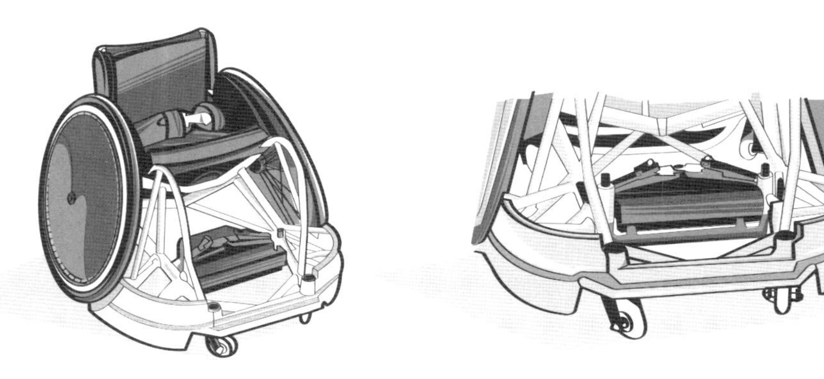

Figura 3.2 – Cadeira de rodas de ataque.

Fonte: adaptado de <http://www.eaglesportschairs.com/rugby2.html>.

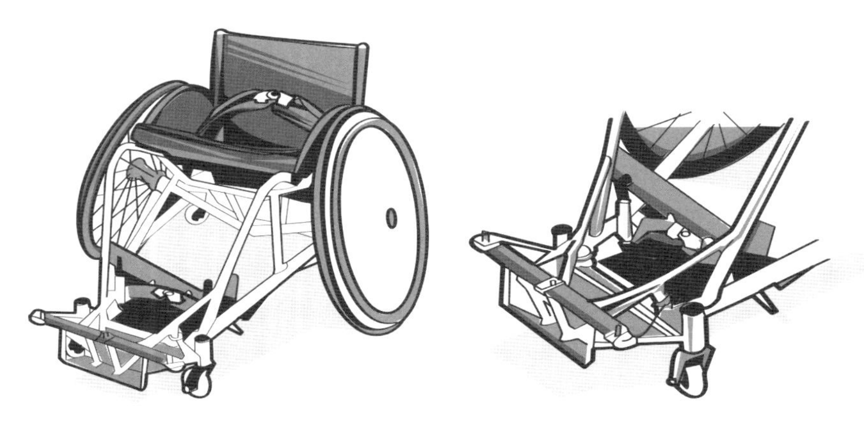

Figura 3.3 – Cadeira de rodas de defesa.

Fonte: adaptado de <http://www.eaglesportschairs.com/rugby2.html>.

O atleta pode escolher em qual tipo de cadeira quer treinar ou jogar. Entretanto, considera-se que as principais características táticas de um atleta com pontuação baixa é a defesa e de que seu trabalho dentro da quadra será muito mais eficiente se estiver numa cadeira de defesa. Isso também se aplica aos atletas de pontuação alta, uma vez que as cadeiras de ataque são muito mais difíceis de serem travadas que as de defesa.

A IWRF tem um *ranking* mundial de classificação das equipes de RCR, que é atualizado com frequência. Há, também, uma lista com os países em que a modalidade está em desenvolvimento (IWRF, 2013a; IWRF, 2013b).

Como visto, o esporte adaptado no Brasil, mesmo recente e carente de publicações específicas, já conquistou um lugar de destaque mundial. Esse crescimento e reconhecimento, para continuarem a ocorrer, devem ser embasados em dados e estudos criteriosos para fomentar seu contínuo desenvolvimento.

Referências

IWRF. *A Layperson's Guide to Wheelchair Rugby Classification*. 2009. Disponível em: <http://www.iwrf.com/resources/Laypersons_Guide_Classification.pdf>. Acesso em: 11 nov. 2009.

______. *International Rules for the Sport of Wheelchair Rugby*. 2013a. Disponível em: <http://www.iwrf.com/?page/rules_and_documents>. Acesso em: 25 jan. 2013.

______. *Rankings*. 2013b. Disponível em: <http://www.iwrf.com/?page=iwrf_rankings>. Acesso em: 25 jan. 2013.

Svartman, C. et al. Antropogripose Múltipla Congênita: revisão de 56 pacientes. *Rev. Bras. Ortop.*, v. 30, n. 3, 1995.

4

Princípios técnicos do *Rugby* em Cadeira de Rodas

Mateus Betanho Campana

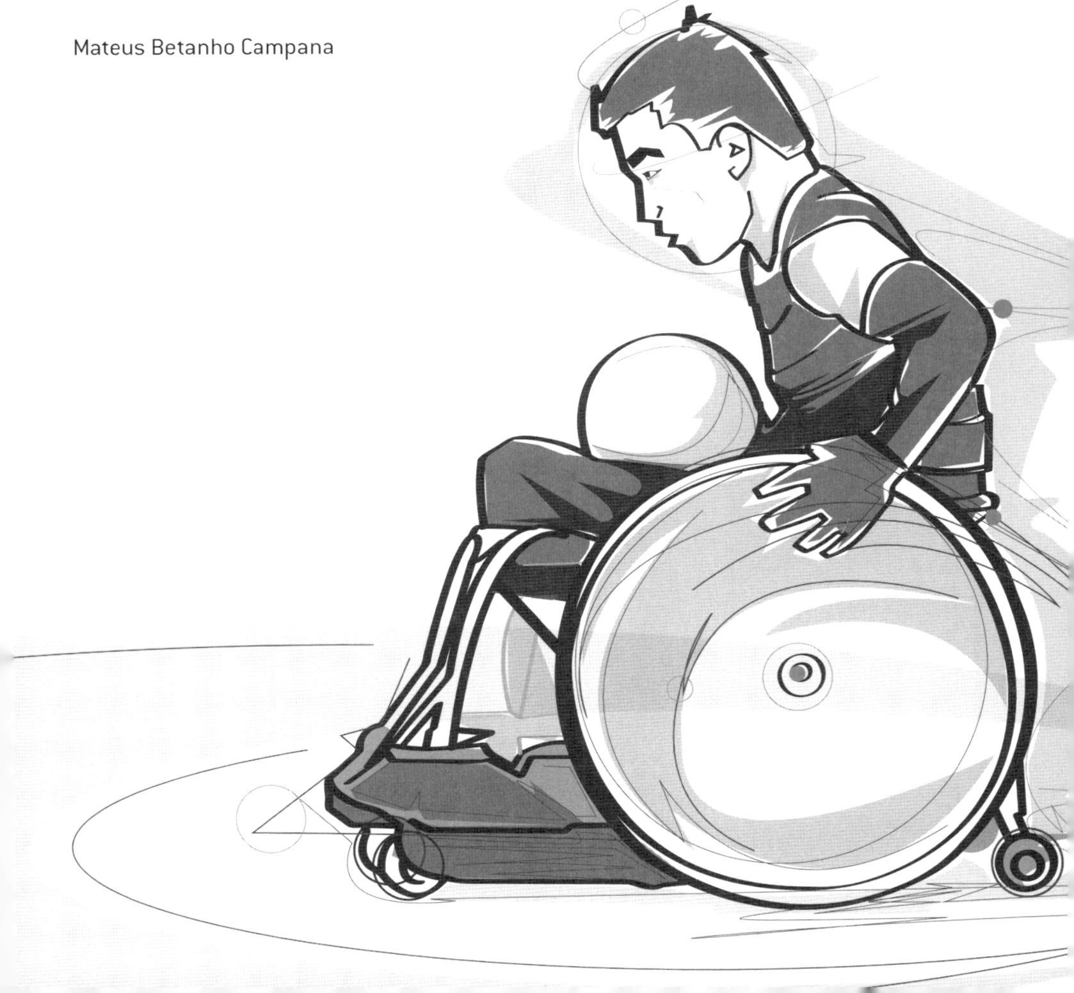

Antes de iniciar este capítulo, tem-se de fazer uma reflexão sobre o que é o *Rugby* em Cadeira de Rodas (RCR) e como é praticado. Isso se faz necessário para que se possa nortear os princípios técnicos que serão descritos aqui.

O RCR é um esporte de característica intermitente, ou seja, é constituído por momentos de baixas e altas intensidades. É caracterizado, também, por movimentos rápidos feitos exclusivamente com os membros superiores dos atletas durante o jogo; são poucos os momentos em que um atleta para de se movimentar.

O praticante de RCR deve, então, ter um bom condicionamento físico, para suportar o esforço durante o jogo sem que ocorram lesões em seus membros superiores. Deve também ter um ótimo controle na condução de sua cadeira, além de um bom domínio da bola e dos fundamentos técnicos e táticos para conduzi-la até o gol.

Após esta breve explicação, serão listados alguns dos princípios técnicos mais importantes para o RCR e como se deve trabalhar para melhorá-los, pois de nada adianta ter uma equipe rápida e forte se ela comete erros básicos e rudimentares durante o jogo.

4.1 Como se posicionar e se fixar na cadeira de rodas e demais equipamentos de segurança

A primeira aprendizagem dos atletas refere-se a como se posicionar e se fixar nas cadeiras de rodas, levando-se em consideração a classificação de cada um. Eles devem ficar sentados o mais profundamente possível em sua cadeira e, para isso, a parte posterior do assento deve ser mais baixa do que a parte anterior, o que facilita a estabilização do atleta na cadeira de rodas. Outro ajuste é necessário no apoio para os pés, pois, quanto mais elevado este for, mais altos ficarão os joelhos dos atletas. Essa postura, além de auxiliar na estabilização, facilita a condução da cadeira e o domínio da bola. Se as pernas ficarem muito retas ou pouco elevadas, o atleta adversário terá maiores chances de roubar a bola ou de provocar uma batida entre as cadeiras e fazer que o domínio da bola seja perdido.

Deve-se tomar cuidado no momento da transferência do atleta de sua cadeira de passeio para a de jogo, pois deve-se posicioná-lo de maneira que seu corpo não tenha contato com as rodas durante os treinos e jogos, evitando possíveis feridas. Como forma de aumentar essa proteção, todas as cadeiras de jogo devem ter uma proteção entre o corpo do atleta e as rodas, mas sem que diminua sua mobilidade.

Para fixar o tronco do atleta à cadeira, qualquer tipo de faixa pode ser usado, contanto que não tenha partes expostas que possam ferir os outros atletas. Um tipo comum de faixa para essa fixação são os cinturões para musculação, rígidos o suficiente para manter uma boa postura na cadeira e, geralmente, fixados com velcro. Para os atletas que tenham maior controle do tronco, pode-se ainda optar por faixas elásticas, facilitando assim sua mobilidade.

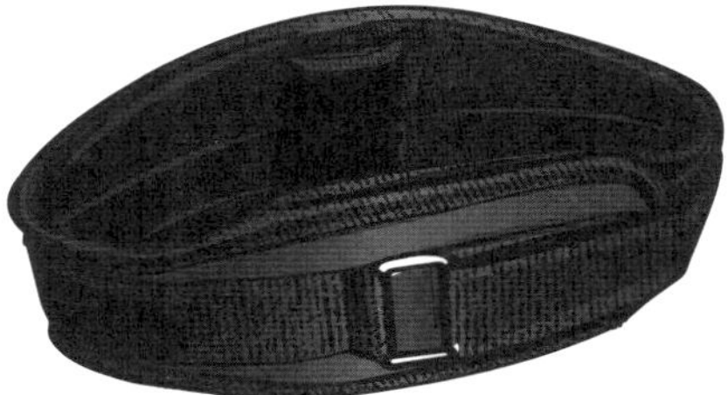

Figura 4.1 – Cinturão de musculação.

Para a fixação do quadril, o mais comum é uma faixa com velcro, dividida em duas partes: prende-se uma das pontas na cadeira de rodas e as outras, na região do quadril. Outro equipamento usado por boa parte dos atletas é um sistema de fixação de catraca, idêntico ao empregado em alguns tipos de patins e pranchas de *snowboard*.

Para fixar e prender as pernas na cadeira de rodas, muitos atletas optam por faixas com velcro de forma que fiquem trançadas entre a coxa e o joelho, o que ajuda a diminuir os espasmos. Essa posição também mantém as pernas afastadas, facilitando a condução da bola, uma vez que esta fica mais protegida por estar entre as pernas do atleta (Figura 4.2).

Outro artifício para auxiliar no domínio da bola durante o deslocamento e dificultar que seja "roubada" é uma faixa extra colocada entre as coxas, um pouco antes dos joelhos (Figura 4.2).

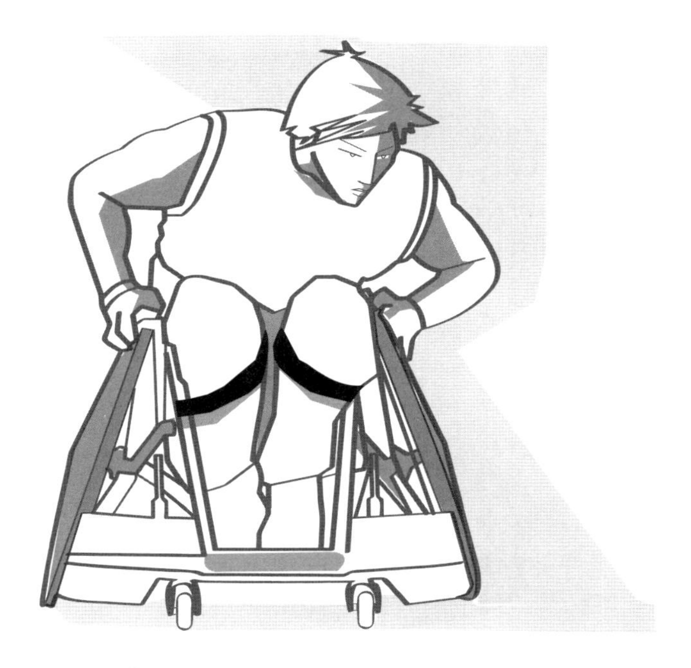

Figura 4.2 – Faixa para fixar as pernas.

Os equipamentos de segurança obrigatórios nas partidas de RCR são as proteções de raio das rodas, o acolchoamento da haste metálica localizada na parte posterior do encosto da cadeira e as luvas.

As proteções dos raios servem para evitar que acidentalmente alguém fique com alguma parte do corpo presa entre os raios das rodas ou que uma cadeira de rodas se prenda ali, causando algum tipo de acidente. Devem ser preferencialmente feitas de metal (alumínio para não ficar muito pesada) ou de plástico resistente a impacto (polietileno de alta densidade ou policarbonato). Em ambos os casos, essas proteções não podem ter saliências que ponham em risco a integridade dos demais atletas. Para aumentar o atrito, uma vez que a superfície é lisa, os atletas colocam cola em *spray* nas proteções dos raios.

O acolchoamento da haste metálica da parte posterior do encosto da cadeira, que deve ser feito preferencialmente com espuma e fita adesiva, é obrigatório para evitar um acidente grave caso alguém bata uma parte do corpo nessa região. Também pode ser feito na região frontal da cadeira de jogo, em que o atleta prende suas pernas, para evitar a formação de feridas devido ao contato prolongado com o metal da cadeira.

As luvas servem principalmente para evitar que o atrito das mãos com as rodas provoque ferimentos graves, auxiliar no tocar a cadeira e pegar a bola. Podem ser de qualquer tipo, desde que fiquem bem presas às mãos dos atletas e lhes ofereçam a devida proteção. Os tipos mais comuns são as luvas emborrachadas, as de *motocross* e alguns tipos de luvas de ciclismo. Geralmente recebem um reforço na região da palma da mão para se tornarem mais resistentes e com maior atrito.

Alguns atletas, além das luvas, recobrem as mãos com fitas adesivas (como *silvertape*) ou com esparadrapo, o que auxilia no atrito com as rodas e com a bola, além de ajudarem na proteção e na fixação das luvas às mãos. Outros usam uma cola adotada principalmente por atletas de handebol.

Há atletas que optam por proteções nos braços para prevenir queimaduras pelo atrito e essa proteção deve ser, preferencialmente, da cor predominante do uniforme da equipe. Quando forem de outra cor, alguns centímetros do braço devem ficar expostos para ser legal. Quando os atletas têm essa proteção nos braços, colocam as luvas por cima, e prendem-na com fita na região do punho. Na região do braço, a fixação pode ser feita com fita elástica, com algum tipo de fita adesiva ou com esparadrapo.

Caso algum atleta queira usar algum outro material para proteção, aumento do atrito ou para se fixar melhor na cadeira de rodas, sugere-se que consulte o manual de arbitragem ou que procure alguém com bons conhecimentos sobre as regras para não correr o risco de se acostumar a usar algo que possa vir a ser ilegal.

4.2 Passes

Os passes são fundamentais para qualquer esporte coletivo e, assim, devem ser sempre trabalhados para que sua execução seja a mais precisa possível. Há alguns tipos de passe comumente usados nos jogos de RCR:

- *passe com as duas mãos*: por cima da cabeça, lateral, saindo do peito (passe de peito), quicando a bola no chão e passe alto (balãozinho);
- *passe com uma mão*: por cima da cabeça, quicando a bola no chão, lateral, passe alto (balãozinho), passe de saque de vôlei por baixo e passe em gancho;
- *passe na frente para pegar a bola novamente*: aqui, o atleta em deslocamento joga a bola para o alto e mais à frente da sua posição e aproveita o deslocamento da cadeira de rodas para pegá-la novamente.

Uma das formas de se treinar esses tipos de passe é por meio da formação de duplas: os atletas, de frente um para o outro, passam a bola entre si, de maneira precisa e variada, sempre alternando as mãos.

Outra maneira de se treinar esses passes é marcando um alvo em uma parede, para que a bola arremessada contra o alvo volte para o atleta ou chegue até o companheiro que está a seu lado. Para dificultar o exercício, pode-se aumentar a distância do local do arremesso da bola em relação ao alvo ou colocar um terceiro atleta, entre o alvo e a dupla, para tentar interceptar o passe.

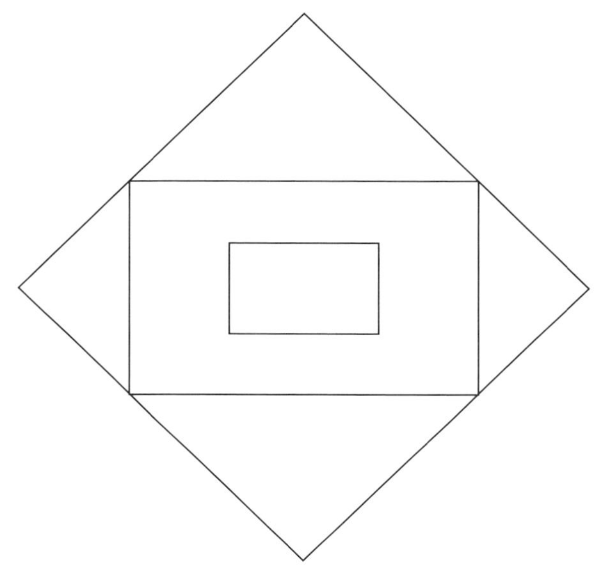

Figura 4.3 – Alvo para treino de precisão dos passes.

Os passes de saque de vôlei por baixo são frequentemente praticados pelos atletas com pontuação baixa (0.5, 1.0 e 1.5). Consistem em quicar a bola lateralmente em relação à cadeira de rodas e bater nela de baixo para cima, como os saques executados há algum tempo. O único cuidado com esse tipo de passe é que, se não for muito bem treinado, o atleta corre o risco de, ao executá-lo, errar a bola ou jogá-la na roda de sua cadeira. Para o êxito e a precisão desse tipo de passe, precisa-se de muito treino.

Quando estiverem sendo bem executados, os passes devem ser feitos em movimento, com as duplas deslocando-se pela quadra, variação dos tipos e das mãos e, posteriormente, com uma terceira pessoa entre a dupla, que tentará interceptar o passe e dificultar a jogada.

Quando os passes em deslocamento estiverem sendo bem executados, começa-se com os passes longos e, para isso, uma pessoa fica no meio da quadra, faz um arremesso longo e alto para que um dos atletas possa pegar a bola em velocidade e ir em direção ao gol. Esse tipo de passe é muito difícil de ser executado uma vez que os atletas são tetraplégicos e não têm um ótimo controle das mãos e dos braços. Em uma situação de jogo, esse tipo de passe, se bem executado, pode dar a vantagem para uma das equipes, mas, caso não seja preciso, a chance de a equipe adversária recuperar a posse de bola é grande. Para aprimorar esse tipo de passe, deve-se colocar outros atletas para tentarem interceptá-lo.

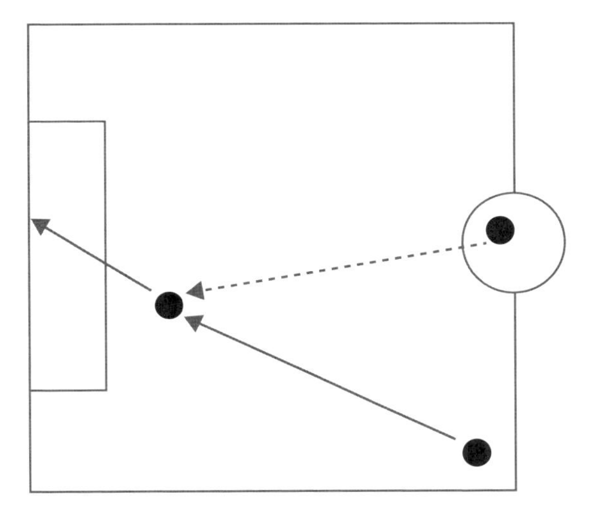

FIGURA 4.4 – Passe longo em deslocamento.

Observação: a linha tracejada representa o passe e a linha contínua, o deslocamento do atleta.

Pode-se, também, fazer um exercício de "trança", no qual três pessoas saem do fundo da quadra, uma em cada lateral e outra no meio com a bola. No exemplo da Figura 4.5, o atleta que está no meio passa a bola para o que está na lateral inferior da quadra, desloca-se, passando por trás dele, para assumir sua posição, e quem recebeu a bola dirige-se para o centro da quadra para dar o passe à pessoa na outra lateral. Isso se repete até que a quadra seja atravessada.

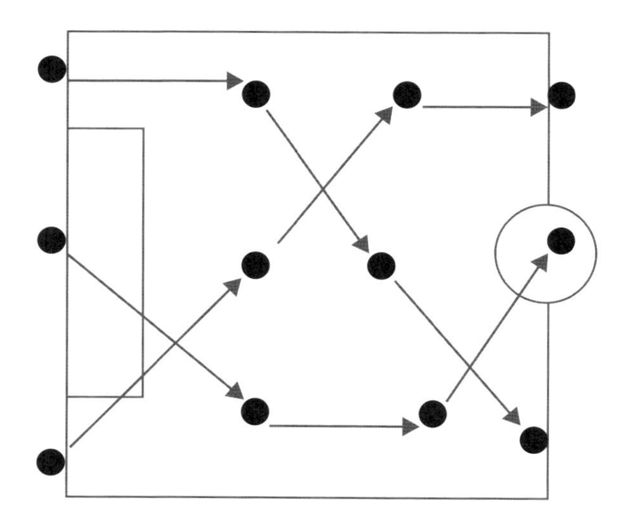

FIGURA 4.5 – Exercício da "trança".

Observação: a linha contínua representa o deslocamento dos atletas.

Para o treino de passe na hora de reposição de bola, colocam-se dois cones a pouco mais de 5 metros de distância um do outro e um pouco mais longe da linha de fundo que a linha da área-chave. Um atleta repõe a bola e o outro se desloca entre os cones, fazendo uma figura do número "8". Ao receber a bola na região mais próxima da área-chave, o atleta a devolve rapidamente para quem fez o passe. Esse mesmo exercício pode ser feito para o treinamento de reposição de bola nas laterais, mas sem ter a linha da área-chave como referência.

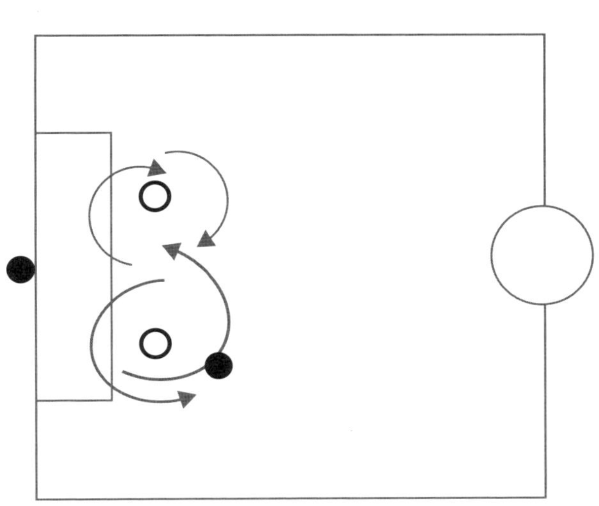

FIGURA 4.6 – Exercício de reposição de bola.

Observação: a linha contínua representa o deslocamento do atleta. Os círculos pretos representam os atletas e os círculos brancos, os cones.

Há, ainda, um ótimo exercício de passe com duas bolas que também trabalha a integração e a atenção dos atletas. Um dos atletas que está com uma das bolas se posiciona no centro de um semicírculo e passa a bola para um dos companheiros, depois de chamá-lo pelo nome. Nesse momento, o atleta que está com a outra bola, posicionado no semicírculo, chama o companheiro que está no centro do semicírculo e lhe passa a bola, e assim sucessivamente. Sabe-se que o exercício está sendo bem executado quanto mais rápido for feito e quanto menos erros houver nos passes. Depois de algum tempo, troca-se quem está no centro do semicírculo.

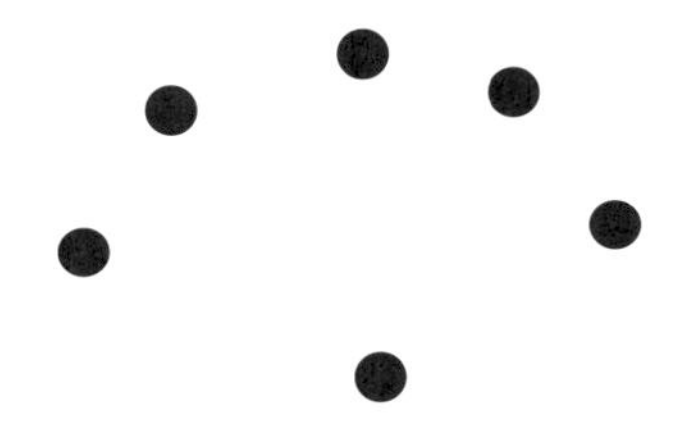

FIGURA 4.7 – Exercício de passe.

Também se pode fazer um exercício de passe com reposição de bola, em que um atleta ponto alto repõe a bola para outro atleta ponto alto. O atleta que repôs a bola entra na quadra em alta velocidade em direção à linha lateral da quadra e, ao tocá-la, desloca-se para a região central da quadra para receber a bola novamente.

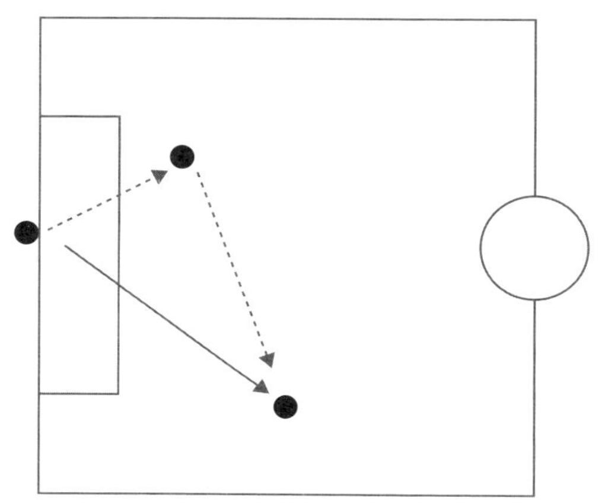

Figura 4.8 – Reposição de bola.

Observação: a linha tracejada representa o passe e a linha contínua, o deslocamento do atleta.

Pode-se variar os exercícios de passes com bolas mais pesadas que as oficiais: as de vôlei para o treinamento dos levantadores, as de futebol, as de basquete e, em alguns casos, até mesmo *medicine ball*.

Quanto mais preciso for o passe, maiores são as chances de concluir-se a jogada de forma positiva. Para isso, o treino de precisão e força para os passes deve ser frequente.

4.3 Recepção da bola

De nada adianta um belo e longo passe se sua recepção não for bem executada. Para treinar esse tipo de fundamento, tem de se levar em conta a condição motora dos membros superiores de cada atleta.

Um atleta ponto baixo não tem uma função motora dos braços muito boa e, portanto, o passe que ele recebe deve ser feito em direção a seu colo. Assim, ele terá um domínio de bola facilitado e poderá fazer uma boa recepção. Realizar um passe muito forte para um ponto baixo também dificulta a recepção da bola.

Portanto, para que os atletas ponto baixo possam executar uma boa recepção da bola, os passes destinados a eles devem ser muito precisos, de preferência, com a bola quicando no chão a uma altura razoável para que eles possam se posicionar de forma que ela chegue a seu colo.

No caso dos atletas com pontuação alta, os passes já podem ser executados com um pouco mais de força e em alturas mais elevadas e não apenas direcionados a seu colo. Porém, com um belo passe em direção a seu peito ou colo, é maior a chance de uma boa recepção da bola.

Caso o passe não seja o ideal, o atleta que irá receber a bola deve tentar ajustar seu posicionamento para agarrá-la estendendo seus braços ou então tentando tocá-la para que não seja dominada pelos atletas da outra equipe.

No caso de um passe muito curto, no qual a bola provavelmente acertará a cadeira de rodas antes de ser dominada, o atleta pode desviar a trajetória da bola com um leve toque, evitando que bata em sua cadeira, para, depois, dominá-la.

Para se treinar a recepção dos passes, pede-se aos atletas, em duplas, que executem os passes o mais precisamente possível. Deve-se mesclar atletas com pontuação alta e baixa para que todos possam se conhecer e saber a melhor maneira possível de se fazer o passe para o companheiro recepcionar a bola corretamente. Quanto mais mescladas forem as duplas e quanto mais variarem nos treinos, melhor para a equipe.

Nesse tipo de treino também se pode usar bolas de pesos e tamanhos diferentes, para que os atletas tenham uma melhor recepção da bola no jogo.

4.4 Proteção e domínio da bola

Outro fundamento essencial para um bom jogo é a proteção e o domínio da bola.

Durante a partida, o atleta pode conduzir a bola de qualquer maneira e por qualquer distância, desde que seja respeitada a regra de batê-la no chão ou fazer um passe em menos de 10 segundos. Deve-se observar que 75% da superfície da bola deve estar visível durante sua condução para evitar que algum atleta a "esconda" dos adversários.

No caso de pessoas com as pernas amputadas, pode-se adotar uma estrutura que permita o controle da bola durante o deslocamento, observando-se a visibilidade de 75% de sua superfície, e que possa ser movida com um leve toque.

FIGURA 4.9 – A cadeira de rodas com o anteparo para apoio da bola.
Fonte: adaptado de <www.zimbio.com/pictures/vQP0rZtr3ic/Paralympics+Day+6+Wheelchair+Rugby/BTZxA_FIqQQ/Nick+Springer>.

Para treinar o domínio e a proteção da bola, pode-se recorrer a exercícios bem simples e eficientes. Um deles consiste em colocar um atleta com a parte detrás de sua cadeira de jogo encostada em uma parede e lhe entregar uma bola. Outra pessoa fica de frente para o atleta e tenta tirar-lhe a bola. O atleta que está na parede deve protegê-la da melhor maneira possível. Outro exercício é entregar a bola para um atleta e deixá-lo na quadra, sendo perseguido pelos demais, que tentam retirar-lhe a bola. Em ambos os exercícios, o que vale é proteger a bola, não importando se as mãos do atleta que a está protegendo foram atingidas pelos demais colegas.

Quando a bola é bem protegida, os atletas adversários se expõem a um risco maior de cometerem faltas e diminui a chance de bola presa, que ocorre quando um atleta prende a bola junto ao corpo do adversário. Caso essa jogada aconteça, a posse da bola é da equipe para a qual a seta de posse estiver indicando.

4.5 Bater a bola em menos de 10 segundos

Um dos fundamentos básicos do RCR é bater a bola ou passá-la para um companheiro em menos de 10 segundos. Para treinar esse fundamento, pode-se condicionar os atletas a baterem a bola quando a contagem chegar a 8 segundos, dando-lhes, assim, uma boa margem de segurança.

Outro modo de garantir que a bola será quicada no chão em menos de 10 segundos é condicionar os atletas a quicarem-na toda vez que fizerem algum tipo de mudança de direção, como depois de desviarem de um marcador ou de inverterem o lado pelo qual a jogada estava sendo executada.

O exercício pode ser executado na frente ou lateralmente à cadeira de rodas. Deve-se orientar os atletas para que variem o local onde irão bater a bola para que o movimento não seja previsível e fácil de ser marcado. Esse tipo de movimento deve ser muito bem treinado tanto com a mão dominante como com a mão não dominante.

Os exercícios de bater a bola em menos de 10 segundos devem ser executados em todos os treinos, em deslocamento e parados, para garantir que o atleta saiba mentalmente contar o tempo de posse de bola, mesmo sob pressão em um momento crítico do jogo.

4.6 Passar para o meio da quadra em menos de 12 segundos

Como visto anteriormente, uma equipe tem 12 segundos para fazer a transição entre a defesa e o ataque, passando pelo meio da quadra. Caso isso não ocorra, a posse de bola passa a ser da equipe adversária. Obviamente, a equipe que impedir ou dificultar ao máximo a progressão para o ataque da outra equipe terá vantagem sobre o adversário.

Para treinar a transição defesa/ataque, utilizam-se recursos simples, como demarcar a quadra com cones, obrigando os atletas a fazerem um determinado percurso antes de passarem à linha central ou colocando-se um grupo de atletas para dificultar essa transição. Nesse caso, deve-se observar a troca de posicionamento dos atletas que estão atacando com os que estão defendendo.

Nesse tipo de exercício, a atuação dos atletas ponto baixo é fundamental para impedir a progressão da outra equipe ou a volta de um atleta para o seu campo de defesa.

Mais uma vez, deve-se observar a regra de bater ou passar a bola em até 10 segundos.

4.7 Agilidade com a cadeira de rodas

Quanto maior a agilidade do atleta em sua cadeira de rodas, mais difícil será marcá-lo e impedir sua progressão, sendo maiores as chances de sucesso em suas jogadas.

É comum que os atletas ponto baixo iniciem o toque das cadeiras com as palmas das mãos e, posteriormente, toquem suas cadeiras com as costas das mãos, ganhando, assim, maior contato com as rodas e empregando mais a musculatura dos ombros. Para frear, eles acabam usando todo o antebraço e, por isso, é imprescindível que seus braços e mãos estejam muito bem protegidos e condicionados.

Para facilitar o toque da cadeira, os atletas ponto baixo valem-se de fitas adesivas, prendendo as luvas aos braços. Depois de se certificarem que as luvas estão bem presas, torcem as fitas, de modo que a parte colante fique virada para fora e a parte sem cola em contato com seu corpo. Assim, conseguem aumentar o atrito com as rodas e pegar a bola com um pouco mais de facilidade. Outro recurso é a cola em *spray* aplicada sobre as proteções de raios das rodas para aumentar ainda mais o atrito.

Alguns atletas ponto alto também se aproveitam desse "truque" para melhorar sua *performance*, bem como as proteções nos antebraços.

Para se trabalhar a agilidade na cadeira de rodas, pode-se fazer uma grande quantidade de exercícios. Serão descritos a seguir apenas os mais simples, de fácil execução.

- Tocar a cadeira de rodas de frente, ao redor da quadra e, ao som do apito, mudar a direção de rotação.
- Tocar a cadeira de rodas de frente, ao redor da quadra e, ao som do apito, manter o sentido de rotação e tocar a cadeira de costas.
- Tocar a cadeira de rodas no comprimento da quadra e, ao som do apito, dar dois toques para trás e, depois, continuar de frente.

- Fazer um circuito de zigue-zague entre cones de frente e de costas.
- Fazer um circuito zigue-zague entre cones em uma das laterais da quadra; na linha de fundo, um percurso reto em velocidade, voltando ao ponto inicial pela outra lateral da quadra, de frente até o meio da quadra e de costas até o fim.
- Executar tiros de velocidade entre as linhas de fundo da quadra de vôlei. Quando o atleta atinge a linha de 3 metros, volta ao fundo, tocando a cadeira de costas e, ao tocar essa linha, parte de frente para a linha do meio da quadra. Ao tocar a linha do meio da quadra, volta de costas até a linha de 3 metros e segue de frente até a linha de 3 metros do outro lado da quadra. Ao atingi-la, volta de costas à linha central e vai de frente até o fim da quadra de vôlei. Esse exercício recebe o apelido de *suicídio*. Outra variação do *suicídio* é sempre voltar à linha de partida em vez de voltar à linha anterior.
- Em um circuito, os atletas partem fazendo um zigue-zague entre cones. Em seguida, fazem um tiro de velocidade e entram em um novo zigue-zague entre cones (este, com os cones mais afastados) e, ao saírem do zigue-zague, fazem outro tiro de velocidade. Este exercício também pode ser feito de costas.

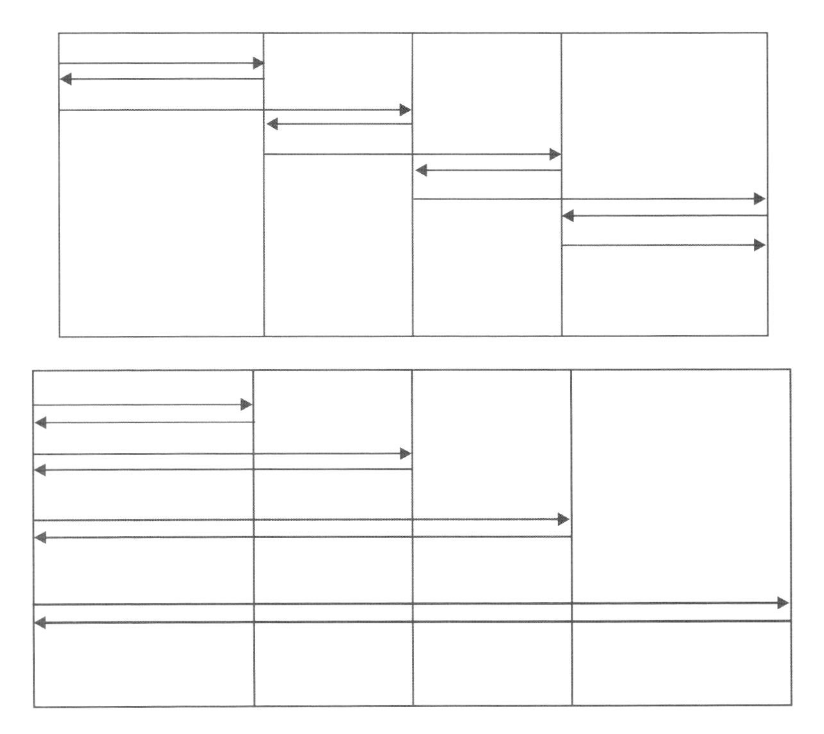

Figura 4.10 – Os exercícios do *suicídio*.

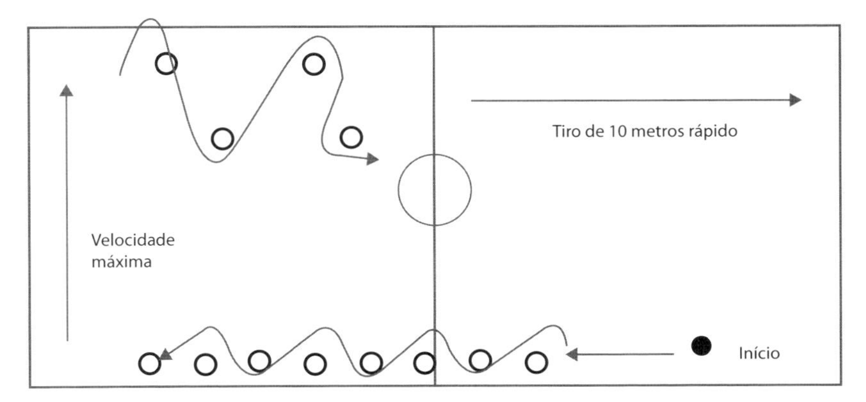

Figura 4.11 – Exercício de zigue-zague entre cones e tiro de velocidade.

Observação: os círculos brancos representam os cones; o círculo preto, o atleta.

Recomenda-se que os exercícios de agilidade com as cadeiras de rodas sejam praticados com frequência e de forma variada. Pode-se, para isso, criar diversos tipos de circuitos com variações, como pedir aos atletas que batam a bola no chão em um determinado local (dentro de um bambolê, por exemplo). Assim, treina-se a agilidade na condução da cadeira de rodas e, ao mesmo tempo, o bater a bola em movimento.

4.8 Velocidade

Para o treinamento e o desenvolvimento da velocidade, os atletas devem ter passado primeiro por um período de preparação física básica, em que foram desenvolvidas as habilidades de resistência e força. Entre os inúmeros exercícios para se desenvolver a velocidade, alguns dos mais adotados são:

- exercício dos 16 toques: os atletas deslocam-se entre uma linha lateral e outra da quadra de *Rugby* tentando fazer oito toques em cada linha;
- os atletas partem de uma das linhas de fundo da quadra e têm de atravessar toda a quadra o mais rapidamente possível;
- os atletas partem de uma das linhas de fundo em direção ao outro lado da quadra e, ao passarem pela linha central, aceleram ao máximo seu deslocamento. Uma variação desse exercício é a modificação do toque nas rodas no momento da propulsão. Geralmente, os cadeirantes valem-se do maior contato possível com as rodas para se deslocarem, mas, no caso dessa variação, nos últimos metros do percurso devem encurtar o movimento, pois, assim, aceleram um pouco mais a cadeira de rodas;
- outras variações podem ser feitas com o incremento da resistência, através da colocação de peso extra nas cadeiras

ou de outra pessoa atrás, fazendo tração. Esse incremento de resistência também pode ser feito com a formação de um "trenzinho", no qual o primeiro da fila puxa os demais. A única preocupação nesses exercícios é com a sobrecarga exagerada, que pode causar algum tipo de lesão no atleta.

4.9 Desvencilhando-se e se segurando

Como mencionado anteriormente, os atletas de RCR quase não ficam parados em quadra, uma vez que a marcação feita pelas equipes tem como principal objetivo segurar e manter os melhores atletas o mais longe possível da jogada. Para isso, deve-se treinar incessantemente as técnicas de segurar/prender o adversário e de escapar desse tipo de marcação.

A marcação começa com o jogo, mas só depois do apito do árbitro é que as cadeiras podem se tocar com a intenção de bloquear ou passar por um adversário. É exatamente nesse momento, que antecede o apito do árbitro, que as jogadas começam a ser definidas. Um atleta que fique parado, mesmo que por poucos instantes, será mais facilmente marcado que um atleta que se movimente o tempo todo. Para treinar essas situações, há os exercícios de "sombra", quando um atleta segue o outro, como se fosse sua sombra, com a intenção de não deixá-lo chegar aonde deseja.

Esse tipo de exercício serve, por exemplo, na situação de jogo em que um atleta acabou de marcar um gol para sua equipe e deseja voltar à sua quadra de defesa. Nesse caso, a equipe que acabou de sofrer o gol deve tentar impedi-lo de retornar a sua posição de defesa e, se isso efetivamente acontecer, o ataque estará em vantagem sobre a defesa, podendo, assim, marcar um gol com maior facilidade.

Para treinar esse tipo de situação, pode-se fazer os seguintes exercícios em duplas, a princípio divididos pela pontuação dos atletas e depois mesclados aleatoriamente:

- Enquanto um atleta se desloca de um lado para o outro da quadra, outro atleta tenta impedi-lo de progredir sem que haja toques entre as cadeiras. Ao ouvirem o apito, o contato entre as cadeiras é liberado. Para dificultar o exercício, pode-se deixar o atleta que tenta atravessar a quadra com uma bola e obrigá-lo a batê-la no chão em menos de 10 segundos, ou colocar mais de um atleta para impedir sua progressão. Outra variação é colocar um atleta para tentar atravessar a quadra e dois para marcarem (1 x 2). Pode-se, também, fazer o mesmo exercício com situações como: 2 x 2, 2 x 3, 3 x 3, 4 x 3 e 4 x 4.
- Mamãe da rua: colocar todos os atletas em uma das linhas de fundo da quadra e apenas um na linha central da quadra. Ao som do apito, todos devem atravessá-la até o outro lado, sem serem tocados por aquele que estava no meio. Quando alguém é tocado, passa a ajudar a pegar os demais atletas. Isso se repete até que todos tenham sido pegos.

Um atleta ideal para o RCR deve fazer um bom passe, receber bem a bola e protegê-la efetivamente; deve ter velocidade e agilidade na condução de sua cadeira, saber marcar o adversário e não se deixar marcar por este. Além disso, precisa de um bom condicionamento físico para suportar os jogos até o fim e prevenir-se contra lesões corporais, principalmente em seus membros superiores. Quanto mais forem desenvolvidas essas habilidades dos atletas, maiores serão as chances de sucesso de uma equipe.

4.10 Comunicação

No RCR, assim como em qualquer outro esporte coletivo, a comunicação entre os atletas é fundamental para um bom desempenho da equipe. Durante a partida de RCR, cada um tem uma determinada função a cumprir e precisa informar aos outros se conseguiu executá-la ou não.

Numa situação de ataque, por exemplo, os atletas que estão atacando o cone devem informar ao atleta que está com a bola se há espaço suficiente entre o cone e o atleta de defesa para que ele possa passar e marcar o gol. Outra situação é quando os atletas de ataque se comunicam para que a sua equipe faça uma determinada jogada para marcar o gol. Por exemplo, o *chaser* está perseguindo o atleta com a bola e um dos atletas do ataque vai em seu auxílio. Quando o *chaser* é bloqueado e travado, o atleta do ataque grita "Peguei ele, peguei ele!", ou algo parecido. Nesse momento, os demais atletas do ataque sabem que estão em vantagem e podem executar suas jogadas para marcar o gol.

Em outra situação, os atletas podem estar defendendo em chave e o que está no meio grita, dizendo que está saindo da chave para marcar um adversário. Nesse momento, o atleta que estava fora pode entrar e assumir a posição no centro da área-chave, sem que haja risco de cometerem uma falta por estarem todos dentro desta.

A comunicação entre os atletas não é uma tarefa fácil, mas quanto mais eles se comunicarem fora de quadra, mais o farão dentro dela. Assim, é altamente recomendado que os atletas passem o maior tempo possível juntos, para se conhecerem e se comunicarem bem. Outro fator fundamental é a confiança, pois, se um atleta confia que seu companheiro de equipe irá fazer sua tarefa dentro de quadra da melhor maneira possível, pode se concentrar em sua tarefa sem se preocupar se o posicionamento do outro está correto ou não.

A comunicação e a sua eficiência só vêm com o tempo, depois de vários treinos e vários jogos. Dificilmente ocorrerá de um dia para outro, a não ser que boa parte da equipe seja amiga de longa data. Para auxiliar nesses casos, e naqueles em que algum desentendimento dentro ou fora de quadra aconteça, pode-se contar com a ajuda de um psicólogo, que fará as dinâmicas e as intervenções a longo prazo para melhorar o relacionamento entre os membros da equipe, desde estagiários e pessoal de apoio, até atletas, preparador físico e técnico.

Também é interessante que a comissão técnica de uma equipe de RCR seja sempre acompanhada por um médico e por um fisioterapeuta para ajudar na prevenção e no tratamento de lesões musculoesqueléticas e articulares, assegurando a boa saúde dos atletas.

4.11 Transição ataque-defesa-ataque

A transição é a troca de funções entre as equipes durante o jogo, ou seja, a mudança do *status* de ataque para defesa, e vice-versa, e é fundamental para que as jogadas possam ser feitas adequadamente.

Quando uma equipe está atacando e marca um gol ou perde a posse da bola, imediatamente passa a se defender, tentando dificultar ao máximo a reposição da bola pela equipe adversária e sua progressão, para impedir que os adversários passem para o lado de ataque e marquem um gol. No caso da equipe que está se defendendo, ao sofrer um gol ou recuperar a posse da bola, ela muda a configuração de defesa para a de ataque, tentando chegar ao gol adversário para marcar mais um ponto na partida. Se uma das equipes não conseguir fazer a transição do ataque para a defesa (ou vice-versa) de maneira rápida e eficiente, as chances da equipe adversária marcar um gol ou ter uma situação confortável no jogo serão maiores que seriam caso a transição ocorresse corretamente.

Para se treinar a transição, pode-se recorrer a um exercício simples e muito eficiente que consiste em dividir os atletas em três equipes. A equipe 1 começa no meio da quadra com a bola; a equipe 2 em uma das áreas-chave; e a equipe 3 se posiciona na outra área-chave. A equipe 1 ataca a equipe 2, tentando marcar um gol em menos de 40 segundos, e a equipe 2 deve se defender, impedindo o gol. Depois dos 40 segundos ou da marcação do gol, a equipe 1, que estava atacando, deve impedir que a equipe 2 progrida até o meio da quadra. A equipe 2 que partiu para o ataque, mesmo que não tenha conseguido chegar ao meio da quadra em menos de 12 segundos, desloca-se para a outra área-chave para tentar marcar o gol na equipe 3. Nesse momento, o exercício começa a se repetir, até que as equipes tenham feito pelo menos cinco ataques em cada área-chave.

Para dificultar o exercício, pode-se estabelecer que, se uma das equipes que está indo para o ataque não conseguir chegar ao meio da quadra em menos de 12 segundos, perderá a posse da bola e continuará fazendo o papel de defesa. Outra maneira de dificultar o exercício é colocar as equipes em situação de desvantagem numérica, tanto no ataque quanto na defesa.

Referências

Campana, M. B. *O Rugby em Cadeira de Rodas*: aspectos técnicos e táticos e diretrizes para seu desenvolvimento. 2010. 160 f. Dissertação (Mestrado em Educação Física) – Faculdade de Educação Física, Universidade Estadual de Campinas, Campinas, 2010.

Princípios táticos do *Rugby* em Cadeira de Rodas

Luís Gustavo de Souza Pena

Neste capítulo, serão abordados alguns dos mais importantes princípios táticos para o *Rugby* em Cadeira de Rodas (RCR): princípios da defesa, princípios do ataque e algumas situações que podem ocorrer durante o jogo, das quais as equipes podem tirar proveito para se posicionarem melhor e terem assim uma pequena vantagem sobre os adversários.

5.1 Tipos de defesa

No RCR, há alguns tipos de defesa amplamente conhecidos e usados nos treinamentos e nos jogos. O que todos têm em comum é o fato de o marcador sempre tentar posicionar-se preferencialmente na frente do atleta que será marcado, para dificultar ao máximo a recepção da bola. Outro fato em comum é tentar girar a frente da cadeira de rodas do outro atleta para que ele tenha dificuldade para fazer o passe. Preferencialmente, deve-se forçá-lo a executar um passe de costas ou de lado, que é muito menos preciso que os executados de frente.

Descrevem-se a seguir as defesas mais frequentes e para quais situações de jogo elas são mais indicadas, começando pelas mais simples. Indica-se também o nome da defesa em inglês, forma mundialmente conhecida, para facilitar futuras consultas.

5.1.1 Defesa em chave (*key defense*)

É o tipo de defesa mais comum no RCR e consiste em defender seu gol com três atletas dentro da área-chave, ficando um em cada cone e outro no centro da área. Deve-se tomar cuidado com esse tipo de defesa, pois se o quarto atleta entrar na área-chave, ele será penalizado com 1 minuto fora do jogo ou até que sua equipe sofra um gol, ou, então, com um *penalty goal*.

A Figura 5.1 mostra a disposição ideal dos atletas na defesa em chave.

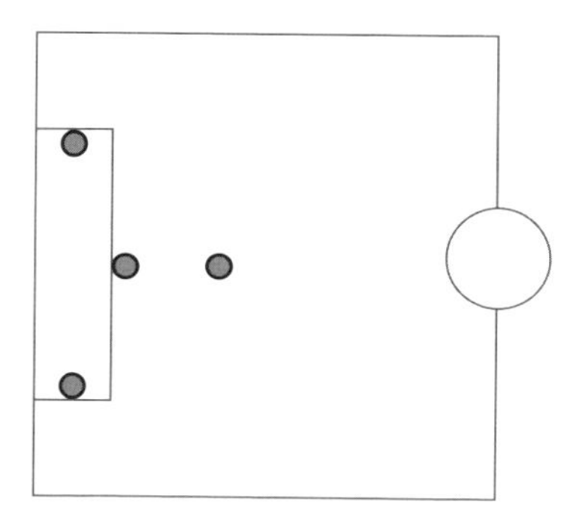

Figura 5.1 – Diagrama da defesa em chave.

Observação: os círculos de cor cinza representam os atletas de defesa.

Na defesa em chave, o ideal é que os atletas que protegem os cones posicionem-se na diagonal, que o espaço entre eles e os cones seja um pouco menor que o de uma cadeira de rodas e que suas cadeiras estejam com a frente voltada para o centro da quadra, para que possam ver tudo o que ocorre no jogo.

O atleta que está no centro da área-chave deve jogar o mais próximo possível da linha frontal, evitando ser jogado para fora da quadra e punido por causa disso e também servindo como uma referência visual para o atleta que joga fora da área-chave. Esse tipo de posicionamento é conhecido como "jogar alto na chave".

O atleta que fica mais distante da área-chave é chamado de *chaser*, que pode ser traduzido como "perseguidor" ou "caçador" (não se usará a tradução para não ocorrer nenhum tipo de confusão).

O *chaser* tem a função de marcar da melhor maneira possível o atleta da equipe adversária que está conduzindo a bola e, frequentemente, acaba marcando o principal atleta da outra equipe, já que é esse atleta que, na maioria das vezes, a carrega, faz a organização das jogadas de ataque e marca o maior número de gols. O *chaser* de uma equipe deve, preferencialmente, ser um atleta ponto alto, com boa agilidade com a cadeira de rodas e boa visão de jogo.

A defesa em chave pode ser adotada quando a equipe está com diferença bem significativa no placar, a fim de poupar os atletas do desgaste físico gerado pelo jogo e pelas demais formas de defesa. A defesa em chave também é adotada quando a equipe que ataca demora a armar sua jogada para fazer o gol, ou quando perde-se a posse de bola em seu campo de defesa logo depois de uma reposição de bola, de um gol ou de uma reposição lateral. Nesses casos, a equipe que perdeu a bola assume a defesa em chave para tentar dificultar ao máximo o gol, tentando forçar uma bola roubada ou a não finalização da jogada dentro dos 40 segundos.

É papel dos atletas de pontuação mais baixa em quadra defender os cones, ficando os de pontuação mais alta no centro da área-chave ou como o *chaser*. A defesa em chave, quando bem treinada e bem executada, pode dar vantagem a uma das equipes durante o jogo, pois forçará os adversários, que se cansarão mais tentando vencê-la, e poupará seus atletas para os momentos decisivos.

5.1.2 Homem a homem [*man to man*]

A marcação homem a homem é bem simples de ser treinada, mas difícil de ser executada no jogo. A primeira dificuldade é quando uma equipe consegue bloquear um dos atletas adversários, impedindo que a marcação homem a homem seja efetuada.

Outra dificuldade é que, frequentemente, as marcações desse tipo variam nas diferentes equipes, obrigando os atletas a um esforço extra para se livrarem da marcação e conseguirem se posicionar para a marcação homem a homem. Porém, quando essa marcação é bem executada e aplicada com eficácia, a equipe adversária sofre uma pressão constante durante todo o tempo em que a tática de defesa homem a homem está sendo executada.

A marcação homem a homem também pode ser um problema para equipes não acostumadas com esse tipo de posicionamento em quadra, quando ocorrem substituições na outra equipe. Se o atleta que está fazendo a marcação não estiver atento na hora das substituições, ou se a equipe adversária trocar mais de um atleta por vez, pode ocorrer uma desorientação e os atletas ficarem sem saber quem devem marcar. Nesse momento, é fundamental que o capitão da equipe procure o banco de reservas e converse com o técnico para receber as instruções e repassá-las à equipe.

Depois de algum tempo, uma equipe pode abandonar esse tipo de marcação para descansar, por estar com grande vantagem no placar, ou para tentar outra tática, caso a marcação homem a homem não esteja funcionando corretamente.

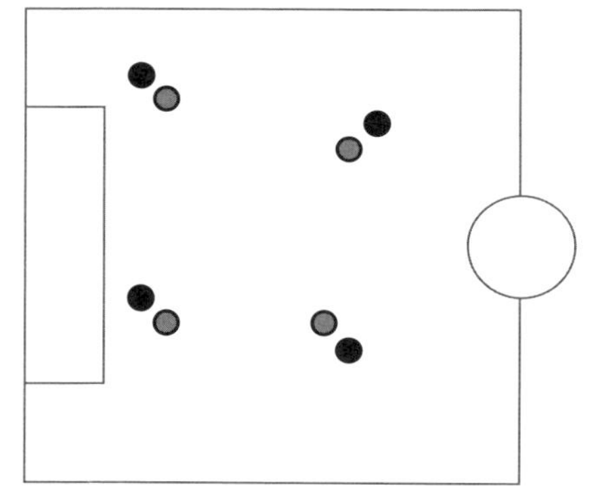

Figura 5.2 – Marcação homem a homem.

Observação: as marcações pretas representam os atletas de ataque e as marcações em cinza, os atletas de defesa.

5.1.3 Marcação dupla (*double/double*)

A marcação dupla é muito empregada quando a outra equipe tem dois atletas muito fortes (ponto alto) e os outros dois atletas são menos "perigosos", com aspectos técnicos não tão apurados. Essa defesa consiste em colocar um atleta ponto alto e um ponto baixo (o melhor da sua equipe) para marcar o melhor atleta da outra equipe.

A marcação dupla deve ser feita sobre os melhores atletas da equipe adversária que estão em quadra, com um atleta na frente e um atrás do adversário. Os atletas de defesa devem tocar a cadeira do adversário, preferencialmente, com a parte detrás de suas cadeiras.

Neste tipo de marcação, a defesa bloqueia os dois principais atletas de uma equipe, deixando os demais livres pela quadra. Como, geralmente, os atletas "livres" são de pontuação mais baixa, as chances de um passe ruim ou de uma má recepção da bola são grandes. Desse modo, a equipe que está sofrendo a marcação dupla fica em grande desvantagem, pois, mesmo que um passe seja feito para o atleta livre, o tempo gasto para ele se posicionar para receber a bola, ou para se deslocar até o gol, é suficiente para que um dos atletas ponto alto, que estava fazendo a marcação dupla, abandone sua posição e se desloque em direção ao atleta que está com a bola, tentando dificultar ou, até mesmo, impedir o gol.

No caso de uma reposição de bola, a equipe que está defendendo também deve fazer a marcação dupla, evitando, assim, que um atleta ponto alto posicione-se para fazer a reposição da bola ou para recebê-la. Isso força um atleta ponto baixo a repor a bola e outro a recebê-la, ocasionando uma situação delicada para a outra equipe.

Há uma regra que permite que qualquer atleta reponha a bola em jogo. Para isso, o atleta deve avisar ao árbitro que ele fará essa reposição, dizendo que ele é o *inbounder*. Nesse caso, os atletas que estão fazendo a marcação dupla devem permitir imediatamente que o atleta que pediu para ser o *inbounder* saia de sua posição e se direcione até o local da reposição.

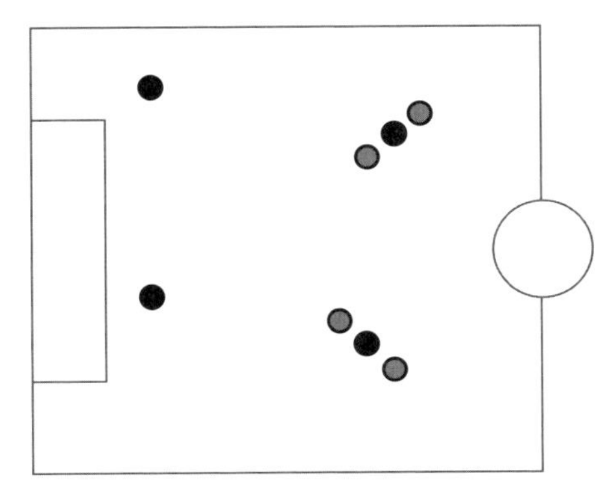

Figura 5.3 – Diagrama da marcação dupla (*double/double*).

Observação: as marcações pretas representam os atletas de ataque e as marcações em cinza, os atletas de defesa.

5.1.4 Defesa em T (*T defense*)

A defesa em T deve ser uma alternativa à marcação dupla e serve para impedir que os atletas da equipe que irá receber a bola aproximem--se para receber o passe. Quanto mais distante a equipe mantiver os adversários, maiores as chances de ocorrer um passe longo e desse passe ser equivocado ou não ser recepcionado corretamente. Para que a defesa em T seja feita, a equipe deve se posicionar rapidamente conforme a Figura 5.4.

Nesta defesa, cada atleta é responsável pela marcação de um determinado espaço da quadra. Os que estão mais próximos das linhas laterais não devem deixar ninguém passar no espaço entre eles e a lateral da quadra. O que está no meio, não deve deixar ninguém passar entre ele e seus companheiros de equipe e o atleta que está mais atrás deve manter, o mais longe possível, o melhor atleta da equipe adversária, para evitar que ele consiga receber um passe.

A defesa em T é muito eficiente quando a outra equipe tem um atleta muito ágil e quando tem boa reposição de bola à curta distância. No entanto, caso ela falhe, os atletas que estão na formação em T devem se reposicionar e executar outro tipo de marcação, como a homem a homem.

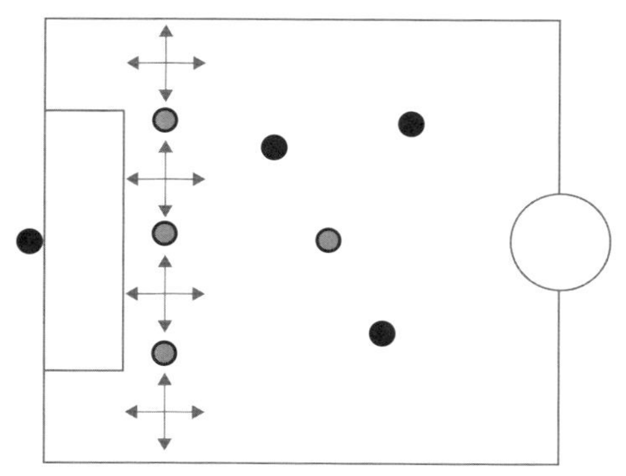

FIGURA 5.4 – Diagrama da defesa em T.

Observação: as marcações pretas representam os atletas de ataque e as marcações em cinza, os atletas de defesa. As setas representam os espaços que devem ser marcados para impedir a aproximação dos atletas da outra equipe.

5.1.5 Defesa em T invertido (*inverted T* ou *domer*)

A marcação em T invertido ou *domer* é bastante similar à defesa em T, porém é feita no meio da quadra, para impedir que a equipe adversária retorne à sua metade da quadra e, por exemplo, reponha uma bola depois de sofrer um gol. Nesse caso, a defesa deve permitir que somente o atleta que pediu para repor a bola (o *inbounder*) passe e se dirija para a posição indicada pelo árbitro. Os demais atletas devem permanecer o mais próximo possível da linha do meio da quadra, forçando um passe longo.

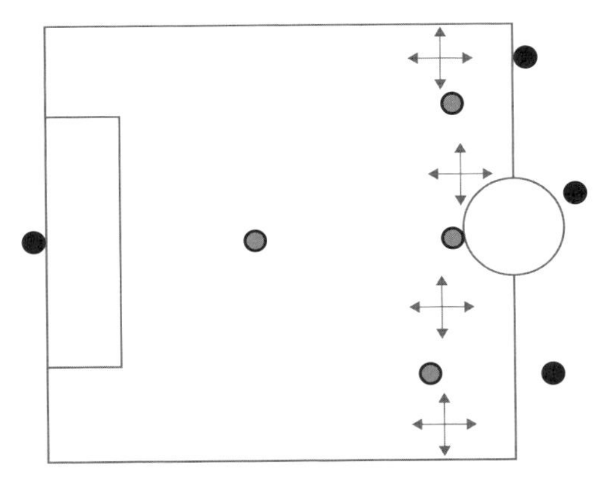

Figura 5.5 – Diagrama da defesa em T invertido.

Observação: as marcações pretas representam os atletas de ataque e as marcações em cinza, os atletas de defesa. As setas representam os espaços que devem ser marcados para impedir a aproximação dos atletas da outra equipe.

5.1.6 Defesa em Y e defesa em Y invertido (*Y defense* e *inverted Y*)

As defesas em Y e Y invertido são variações das defesas em T e T invertido, seguindo a mesma lógica.

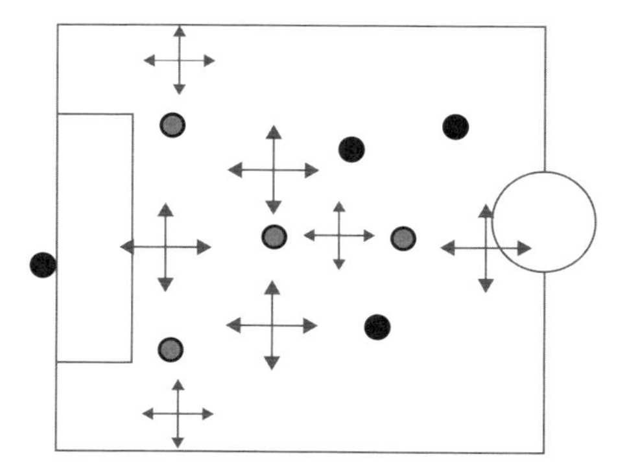

FIGURA 5.6 – A defesa em Y.

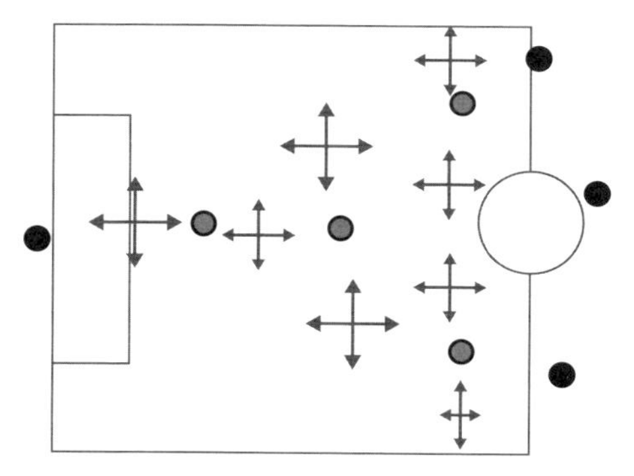

FIGURA 5.7 – A defesa em Y invertido.

Observação: as marcações pretas representam os atletas de ataque e as marcações em cinza, os atletas de defesa. As setas representam os espaços que devem ser marcados para impedir a aproximação dos atletas da outra equipe.

5.1.7 Defesa em diamante (*diamond defense*)

A defesa em diamante é tanto uma das mais eficientes quanto uma das mais complicadas, exigindo muito treinamento. Ela consiste em uma marcação por zona, em que cada atleta é responsável por um setor da quadra.

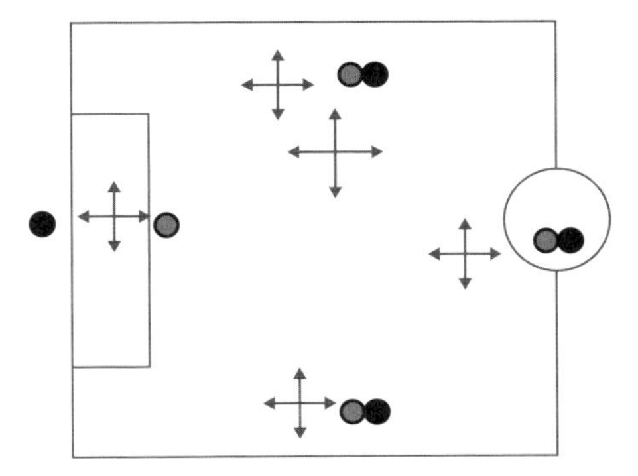

Figura 5.8 – Diagrama da defesa em diamante.

Observação: as marcações pretas representam os atletas de ataque e as marcações em cinza, os atletas de defesa. As setas representam os espaços que devem ser marcados para impedir a aproximação dos atletas da outra equipe.

Na defesa em diamante, o atleta mais próximo da linha do meio da quadra é, preferencialmente, o mais rápido da equipe. É ele que orientará os demais atletas com instruções verbais sobre a dinâmica do jogo, dizendo se a bola está mais para o lado direito ou esquerdo da quadra, se está para acontecer um passe longo, se um atleta da equipe adversária está passando pela defesa e se o atleta da defesa precisa de ajuda, entre outras informações. Esse atleta também é o responsável por marcar um possível passe longo e, quando necessário, dar apoio para os demais atletas de sua equipe.

Em uma das laterais, deve ficar posicionado o segundo atleta mais rápido da equipe. Ele deve procurar a lateral mais próxima, na qual o segundo melhor atleta da outra equipe se encontra. Na outra lateral, deve ficar o atleta ponto baixo que tem a maior agilidade, marcando o terceiro atleta da outra equipe.

Na posição mais próxima à área-chave, fica o outro atleta ponto baixo, esperando o *inbounder* repor a bola para marcá-lo tão logo ele regresse à quadra. Aqui deve-se observar duas regras simples:

- ninguém pode ficar a menos de 1 metro de distância do *inbounder*;
- o *inbounder* deve voltar por completo à quadra para ser marcado.

Caso uma dessas duas regras seja violada, o atleta que cometeu a falta será punido com 1 minuto fora do jogo ou até que sua equipe sofra um gol.

Como a defesa em diamante é muito dinâmica, deve ser treinada exaustivamente para que, numa situação real, os atletas saibam exatamente o que fazer. Esse tipo de defesa também é bem cansativo, pois os atletas de ambas as equipes estão se movimentando constantemente para a marcação ou para se livrarem dela.

5.1.8 Marcação na reposição da bola depois do gol

A transição entre o ataque e a defesa também é essencial para uma equipe de RCR ter boas atuações. Essa mudança de posicionamento e de tática deve ser feita no menor tempo possível, principalmente depois de a equipe ter marcado um gol. Durante a transição do ataque para a defesa, a equipe fará um dos tipos de defesa descritos anteriormente, dependendo do momento e da dinâmica do jogo.

Adotar-se-á como exemplo a transição do ataque para a defesa com a defesa em T. Nesse caso, depois de o atleta marcar o gol, ele se posiciona um pouco antes da linha da área-chave, paralela à linha de fundo, ocupando esse lugar. Imediatamente, outros dois devem se posicionar próximos a uma das linhas laterais da quadra e o quarto atleta mantém-se próximo à linha que divide a quadra. Adotando-se rapidamente esse posicionamento, o *inbounder* da equipe que irá repor a bola terá como única opção fazer um passe longo em direção ao centro da quadra, tornando maiores as chances de recuperação de bola por parte da outra equipe.

Caso a transição entre ataque e defesa não seja rápida o suficiente, deve-se adotar outra posição de marcação para dificultar ao máximo a reposição de bola pelo *inbounder*.

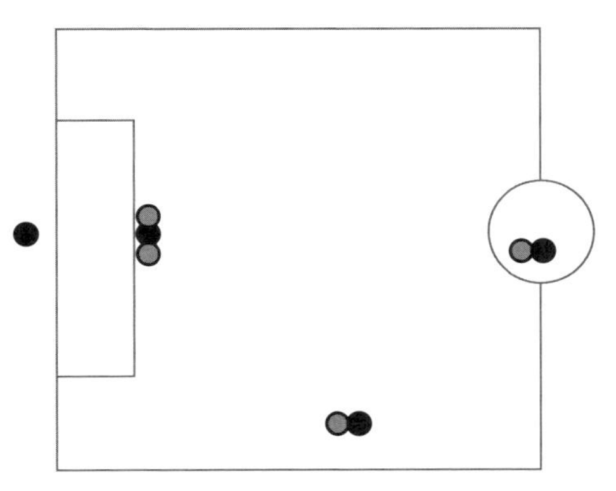

FIGURA 5.9 – Posicionamento para marcação na reposição da bola depois do gol.

Observação: as marcações pretas representam os atletas de ataque e as marcações em cinza, os atletas de defesa.

Como se pode observar na Figura 5.9, o *inbounder* está posicionado para a reposição da bola e dois atletas da defesa se posicionam para marcar o atleta da outra equipe que está mais próximo à linha de fundo da quadra. Os atletas de defesa devem se posicionar um na frente e outro atrás do atleta de ataque. O posicionamento correto, com as costas das cadeiras viradas para o atacante, promove um ganho de espaço para os atletas da defesa que, assim, poderão dificultar a recepção da bola com maior eficiência. Caso o atleta de ataque, mesmo preso, consiga pegar a bola, os que o estão marcando não devem abandonar suas posições, pois aquele com a bola está preso e sua única opção é o passe. No caso do *inbounder* voltar à quadra e receber a bola de volta, o atleta que está virado de frente para o lado para o qual o *inbounder* se desloca deve acompanhá-lo e marcá-lo, impedindo sua progressão para o ataque. Os outros atletas de defesa devem trabalhar para manter os demais atletas de ataque o mais afastados possível, posicionando-se à frente deles.

Caso os atletas que estão atacando não consigam passar do meio da quadra com a bola dominada em menos de 12 segundos, a posse de bola passa a ser da outra equipe.

5.1.9 Marcação na reposição da bola na lateral, no meio e no fundo da quadra

Quando alguma falta é marcada pelos árbitros, o jogo é interrompido, para que o atleta que a cometeu seja punido, e, posteriormente, retomado do ponto mais próximo de onde foi a falta, em uma das linhas laterais. Esse procedimento é feito com o cronômetro parado e, nesse momento, não são permitidos toques nas cadeiras que façam que um atleta leve vantagem sobre o outro. O mesmo procedimento de reiniciar o jogo depois de uma falta é adotado quando a bola sai de quadra.

No caso de uma reposição de bola na linha lateral, pode-se adotar o mesmo padrão de marcação que é feito na reposição de bola depois de um gol. A única mudança é que a linha de referência será a lateral, e não mais a linha de fundo da quadra, mas, se essa reposição de bola for bem próxima à linha de fundo, pode-se adotar uma estratégia um pouco diferente: um atleta de defesa ficará esperando o *inbounder* voltar à quadra para "prendê-lo" no canto da quadra, impossibilitando sua participação nas próximas jogadas. O marcador, nesse caso, deve ser um atleta ponto baixo, com boa experiência e calma, para esperar o momento certo para colocar o adversário nessa "armadilha".

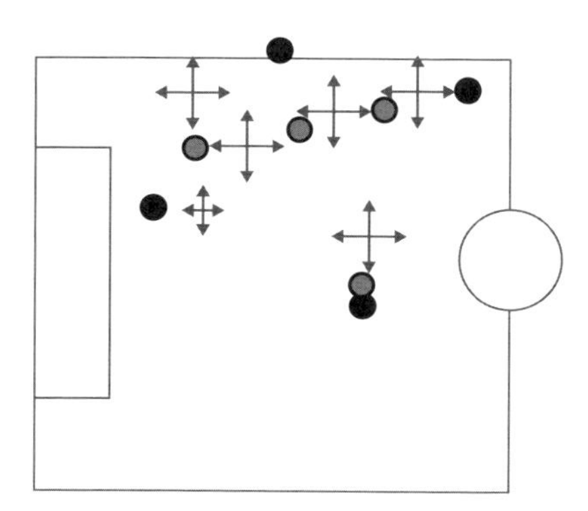

FIGURA 5.10 – Marcação na reposição de bola na lateral no meio da quadra.

Observação: as marcações pretas representam os atletas de ataque e as marcações em cinza, os atletas de defesa. As setas representam os espaços que devem ser marcados para impedir a aproximação dos atletas da outra equipe.

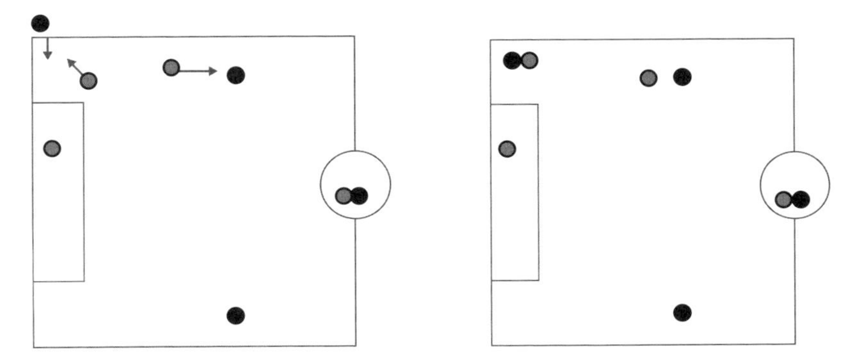

Figura 5.11 – Marcação na reposição de bola próximo à linha de fundo.

Observações: a figura à esquerda representa o posicionamento no momento da reposição da bola, e a figura à direita, o momento seguinte à reposição da bola, com o *inbounder* "preso" no canto da quadra. As marcações pretas representam os atletas de ataque e as marcações em cinza, os atletas de defesa.

Caso o árbitro veja o *inbounder* violar as linhas da quadra, ele será punido ficando 1 minuto fora do jogo, ou até que sua equipe sofra um gol.

5.1.10 Marcação após penalização

Todas as vezes que o *inbounder* volta à quadra depois de repor a bola, ele pode fazê-lo em um ângulo de até 45° em relação à linha da quadra. Se voltar em um ângulo superior e o árbitro perceber, será punido com 1 minuto fora do jogo, ou até que sua equipe sofra um gol.

Quando um atleta ponto alto volta ao jogo depois de cumprir sua penalidade por violar alguma regra do jogo, ele deve fazê-lo em um ângulo de 90° em relação à linha lateral e é nesse momento que a marcação deve agir. O atleta ponto baixo da equipe adversária deve se posicionar de tal forma que o adversário que volta ao jogo não consiga se mover depois de estar novamente em quadra. Deve-se lembrar que o atleta que está voltando ao jogo deve entrar por completo em quadra para só depois ser bloqueado.

Mais uma vez, com essa tática de defesa, uma das equipes terá vantagem sobre a outra a partir do momento em que um de seus atletas ponto alto estiver preso entre a linha lateral da quadra e um adversário ponto baixo, deixando assim sua equipe mais "fraca" que a adversária.

5.1.11 Marcação no meio da quadra

Uma jogada bastante importante no RCR é a marcação no meio da quadra, impedindo que o atleta de ataque passe a linha que divide a defesa do ataque. Foi citado que, se o ataque não passar o meio da quadra em menos de 12 segundos, a posse de bola passa para a outra equipe. Porém, quando o atleta de ataque é parado em cima da linha do meio da quadra, ou é forçado a tocar a linha do meio da quadra com uma das rodas dianteiras ou laterais da cadeira de jogo, ele viola a regra de "voltar quadra", sendo penalizado com a perda da posse de bola.

Para impedir a progressão do atleta adversário, pode-se bater na frente, atrás ou lateralmente em sua cadeira de rodas, contanto que o contato comece antes do eixo da roda lateral. Caso o contato ocorra depois do eixo da roda lateral e o adversário dê um leve giro, é marcada falta pela infração do *spin* e, como nas demais faltas, o atleta ficará 1 minuto fora do jogo, ou até que sua equipe sofra um gol.

5.2 Jogadas de ataque

Há inúmeras jogadas de ataque que as equipes podem adotar durante as partidas, mas se concentrarão em sete delas, as mais usadas pelas principais equipes mundiais e que são as jogadas essenciais para que uma equipe de RCR possa começar a competir. Com base nessas jogadas de ataque, as equipes podem criar variações ou, até mesmo, combiná-las, para inventar novas jogadas.

5.2.1 Jogada do *bater, virar, segurar e entrar*

Pode-se afirmar que essa é, sem dúvida, a principal jogada das equipes dos EUA, do Canadá e da Grã-Bretanha, em razão do número de vezes em que é feita em confrontos diretos envolvendo esses países. Além disso, durante as Paralimpíadas de Pequim 2008, um canal pago de televisão transmitiu ao vivo quase todos os jogos do RCR e foi possível analisá-los, bem como outras partidas disponíveis na internet.

Também se teve o privilégio de jogar contra as e participando das três seleções citadas, bem como presenciar toda a comunicação e a estratégia para a execução da jogada.

A jogada do *bater, virar, segurar e entrar* só pode ser feita com toda a equipe no ataque, pois a cada atleta cabe uma função fundamental para que seja realizada com sucesso.

O atleta que carrega a bola precisa coordenar a jogada, orientando o correto posicionamento dos demais. Para isso, os atletas com as pontuações mais baixas em quadra devem se posicionar atrás dos atletas de defesa que protegem os cones e ficarem o tempo todo trombando nos defensores, para que estes fiquem preocupados em não ceder o espaço próximo ao cone.

O atleta 1 (que carrega a bola) deve atacar a área-chave em direção a um dos cones, deslocando, assim, a marcação para esse lado. O atleta 2 (o segundo mais rápido) acompanha a movimentação do atleta 1 e quando os dois estão próximos do *chaser*, o atleta 2 bate neste, vira de costas para o *chaser* e o segura no lugar em que ele está. Nesse momento, tem início a jogada. Novamente, o atleta 2 desloca-se, deixando a marcação do *chaser* e segue em direção ao adversário que está no meio da área-chave, batendo nele, dando-lhe as costas e segurando-o no lugar. Nesse momento, o atleta 1 dá uma volta por fora da defesa, em direção ao lado oposto da área-chave, deslocando novamente a marcação, mas para o outro lado. Com isso, abre-se um espaço no meio da área-chave, que é prontamente ocupado pelo atleta 2, o qual deve se posicionar de lado para a linha do gol, em um pequeno ângulo, para que não seja jogado para fora da quadra caso sofra um impacto forte. O atleta 1 tem duas opções: tentar invadir a área-chave para marcar o gol, ou fazer um passe para o atleta 2 que já está posicionado dentro da área-chave.

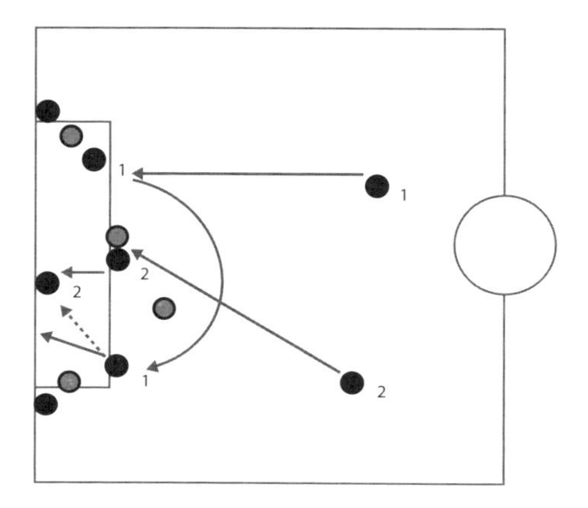

FIGURA 5.12 – A jogada de *bater, virar, segurar e entrar*.

Observação: as marcações pretas representam os atletas de ataque e as marcações em cinza, os atletas de defesa. As linhas contínuas representam o deslocamento dos atletas e a linha pontilhada, o passe.

5.2.2 Jogada no cone

Esta é uma das várias jogadas que ocorrem frequentemente em uma partida de RCR, que consiste no atacante marcar o gol, passando pelo espaço aberto entre um atleta de defesa e um dos cones que delimitam o gol. Ela só é possível se o atleta ponto baixo que defende o cone estiver fora de seu lugar ideal de defesa e se o atacante ponto baixo estiver desempenhando seu papel. Para melhor compreensão dessa jogada, apresenta-se a Figura 5.13, a seguir.

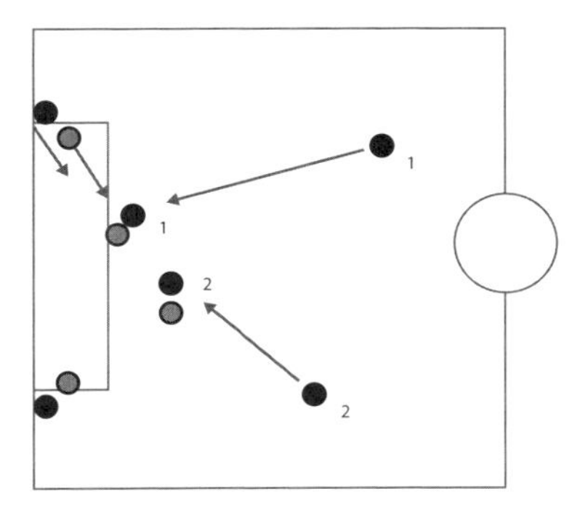

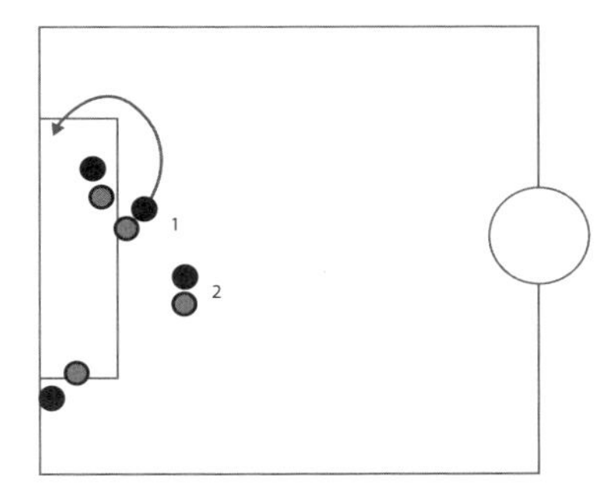

FIGURA 5.13 – Jogada de ataque no cone.

Observação: as marcações pretas representam os atletas de ataque e as marcações em cinza, os atletas de defesa. As linhas contínuas representam o deslocamento dos atletas.

Para que a jogada seja executada com sucesso, os atletas têm de se comunicar o tempo todo, indicando uns aos outros o que está acontecendo e os lugares da quadra onde há espaço para se fazer a jogada. Assim, o atleta que está atacando o cone deve falar para toda a sua equipe que ele abriu um espaço entre o atleta de defesa e o cone, possibilitando que o atacante que está com a bola possa escolher entre atacar por esse lado ou fazer outra jogada para marcar o gol.

5.2.3 Jogada pelo meio da área-chave

A jogada de ataque pelo meio da área-chave é uma das opções de ataque quando os atletas que estão defendendo os cones não permitem que a jogada ocorra nesse local da quadra.

A jogada preferencial para se atacar pelo meio da área-chave é a do *bater, virar, segurar e entrar*, já descrita. Uma opção a essa jogada é uma pequena variação de posicionamento dos atacantes que estão trabalhando nos cones, a qual consiste no atacante ponto baixo, em vez de se posicionar atrás do atleta que defende o cone, posicionar-se à sua frente. Em seguida, outro atleta, preferencialmente o segundo mais rápido, desloca-se e bloqueia o atleta que está defendendo o meio da área-chave, abrindo, assim, um espaço para o atleta que está com a bola passar e marcar o gol.

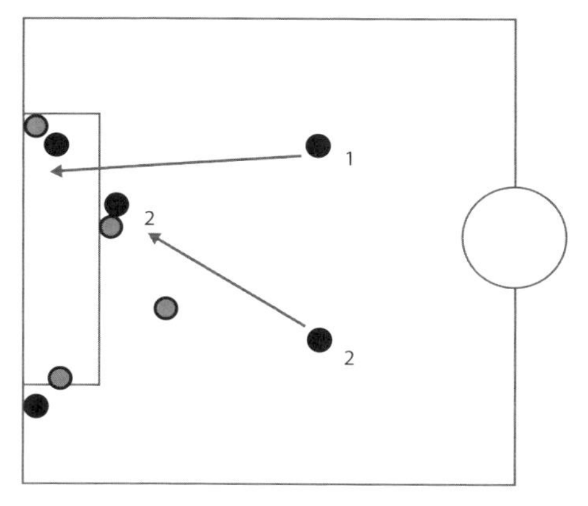

Figura 5.14 – Ataque pelo meio da área-chave.

Observação: as marcações pretas representam os atletas de ataque e as marcações em cinza, os atletas de defesa. As linhas contínuas representam o deslocamento dos atletas.

A comunicação entre os atletas, mais uma vez, será fundamental para que a jogada seja feita, uma vez que, se o atacante não conseguir bloquear o atleta de defesa que está no meio da área-chave, o atleta com a bola não terá o espaço necessário para passar em direção ao gol. Deve-se tomar muito cuidado também para nenhum atacante ficar preso dentro da área-chave por mais de 10 segundos. Isso será evitado somente se houver comunicação para que a jogada tenha início logo que o ponto baixo estiver posicionado na frente do atleta que defende o cone.

5.2.4 Jogada *sanduíche*

A jogada *sanduíche* deve ser executada quando há uma reposição de bola pela lateral da quadra, bem próxima à linha de fundo, a favor do ataque, resultante de uma má reposição de bola depois de um gol, quando a equipe está trabalhando a defesa no campo de ataque, e não na área-chave.

Para que a jogada ocorra, é preciso posicionar os demais atletas de ataque o mais rapidamente possível, na forma de uma fila ou de um triângulo invertido, dentro da área-chave, bem próximo ao cone do lado onde será a reposição da bola. No meio da linha ou no triângulo, fica o atleta ponto alto, de lado para a linha do gol (evitando que seja colocado para fora da quadra por um adversário) e de frente para a linha lateral, esperando para receber a bola. Ele é protegido na frente e nas costas pelos atletas ponto baixo, que estão levemente em diagonal em relação à linha de fundo da quadra e com a frente de sua cadeira voltada para o meio da quadra. É importante lembrar que o atleta ponto alto deve ter um espaço em relação aos demais atletas de ataque para movimentar sua cadeira de jogo.

Quando o árbitro apita autorizando o reinício da partida, o *inbounder* faz um passe alto para o atacante que está no meio da linha de ataque e ele, ao receber a bola, vira sua cadeira de frente para a linha de fundo e marca o gol.

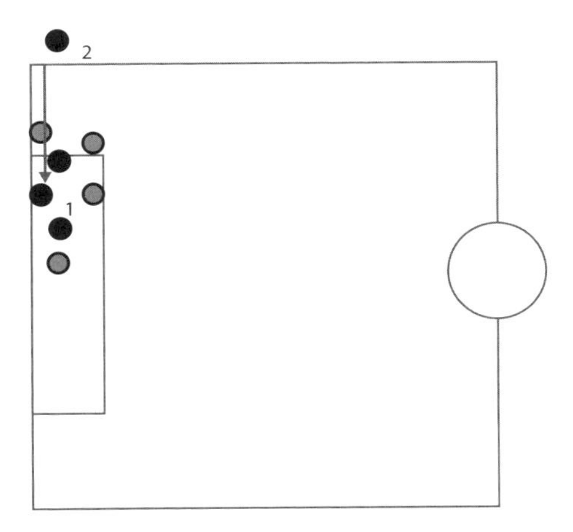

Figura 5.15 – Jogada *sanduíche*.

Observação: as marcações pretas representam os atletas de ataque e as marcações em cinza, os atletas de defesa. A linha pontilhada representa o passe.

5.3 Situações de jogo

5.3.1 Reposição da bola depois do gol

A reposição da bola depois de um gol é uma situação de jogo na qual os atletas devem estar muito atentos, pois, caso a bola seja perdida nesse momento, a equipe adversária terá grandes chances de marcar novamente. Para evitar esse tipo de situação, deve-se treinar alguns tipos de reposição de bola, de maneira que a equipe sempre tenha mais de uma opção de jogada para repô-la.

A seguir, serão descritas algumas estratégias e táticas para a reposição da bola da linha de fundo ser segura e eficiente, prevenindo sua perda e evitando desvantagem na partida.

5.3.2 Reposição da bola depois do gol, com três atletas

Nesta situação, um atleta é o *inbounder* e os outros dois posicionam-se um atrás do outro (sendo um ponto baixo na frente e um ponto alto atrás). O quarto atleta (ponto alto) deve se manter posicionado próximo à linha central da quadra. Momentos antes da reposição da bola, o atleta ponto alto (que está próximo ao gol) diz para o ponto baixo "*Vai!*", ou alguma outra palavra combinada anteriormente. O atleta ponto baixo gira sua cadeira e sai em linha reta em direção à quadra adversária; o *inbounder* repõe a bola para o atleta ponto alto e entra em quadra, dirigindo-se para o lado oposto ao que o atleta ponto baixo foi. O atleta que está com a bola tem duas opções por onde se deslocar: seguindo o ponto baixo ou seguindo o *inbounder*. Tanto o atleta ponto baixo quanto o *inbounder* têm a função de proteger quem está com a bola e de bloquear os atletas adversários, para que o atleta com a bola possa atravessar a quadra e tentar marcar o gol, ou fazer um passe para outro companheiro de equipe marcar o gol. O outro atleta ponto alto – que no início da jogada estava próximo à linha central da quadra – deve observar por qual lado da quadra o atleta que está com a bola se desloca e procurar posicionar-se no lado oposto, para ser uma opção de passe; caso a defesa esteja desprotegida, com apenas um atleta marcando mais próximo a área-chave, o defensor terá de escolher se marca quem está com a bola ou quem está progredindo sem ela. Outra função do atleta que está atacando sem a bola é bloquear os adversários para o companheiro ter espaço e tranquilidade para marcar o gol.

Nesta jogada, é importante notar que, se a comunicação entre os atletas que estão repondo a bola não for exata, a jogada pode ficar comprometida, dificultando muito passar o meio da quadra em menos de 12 segundos. Outro fato importante é que, no momento da reposição da bola, nenhum atleta – da mesma equipe ou da equipe adversária – pode estar a menos de um metro de distância da linha da quadra, onde a reposição será feita.

Os atletas de defesa tentarão impedir que os atletas que estão repondo a bola consigam executar a jogada com tranquilidade; por isso, a comunicação é essencial para que a jogada seja sincronizada. Também é essencial que, no momento em que o *inbounder* vai repor a bola, os atletas estejam posicionados com a lateral de sua cadeira de rodas virada para a linha de fundo, ou levemente virada com sua frente para o centro da quadra. Esse posicionamento evita que um atleta de defesa bata na cadeira de um dos atacantes e o coloque para fora da quadra ou a menos de um metro de distância do local da reposição da bola.

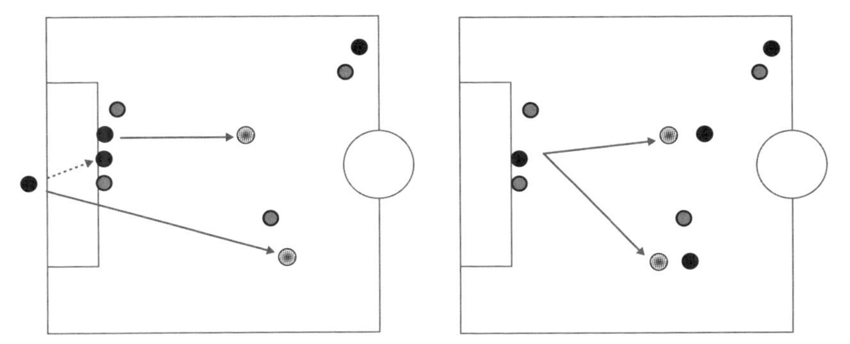

FIGURA 5.16 – Esquema para reposição da bola depois de um gol.

Observação: as marcações pretas representam os atletas de ataque, as marcações em cinza, os atletas de defesa e as marcações hachuradas, o local para onde o deslocamento deve ser feito. A linha pontilhada representa o passe e as linhas contínuas, os deslocamentos.

5.3.3 Reposição da bola depois do gol, em deslocamento

Outra jogada para repor a bola é efetuada em deslocamento, com a mesma formação inicial da jogada anterior, mas, agora, a bola será recebida pelo atleta que estiver próximo à linha central da quadra. Esse atleta fará um deslocamento rápido em direção à área-chave da sua equipe e, com um discreto sinal de mão, mostrará para o *inbounder* onde a bola deverá ser jogada para enganar a marcação. Com a bola dominada, esse atleta seguirá para o ataque protegido pelos demais atletas de sua equipe; o atleta ponto alto que estava próximo à área-chave também se desloca para o ataque observando em qual lado da quadra está seguindo o companheiro que está com a bola, para ocupar o lado oposto e ser uma opção de passe ou de defesa para o atleta com a bola.

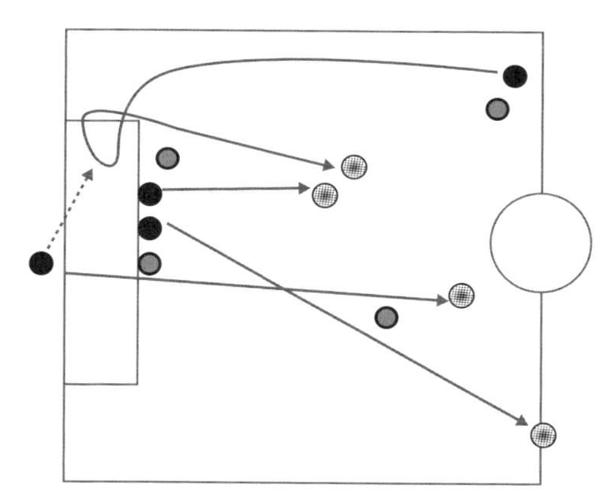

Figura 5.17 – Esquema para reposição da bola depois de um gol, em deslocamento.

Observação: as marcações pretas representam os atletas de ataque, as marcações em cinza, os atletas de defesa e as marcações hachuradas, o local para onde o deslocamento deve ser feito. A linha pontilhada representa o passe e as linhas contínuas, os deslocamentos.

Há, também, a reposição da bola com um passe longo e alto, feito pelo próprio *inbounder* ou pelo ponto alto que a recebeu dele. O passe deve ser feito em direção ao centro da quadra, onde o atleta que está nessa posição a recebe e parte em direção ao gol adversário.

Como em qualquer outra situação de jogo, a comunicação entre os atletas é fundamental para que a jogada funcione, pois o atleta que carrega a bola deve orientar os demais quanto à marcação e os companheiros devem avisar por quais possíveis lugares o atleta com a bola pode passar para marcar o gol.

Além dessas três jogadas descritas, há outras muitas, que são variações das já apresentadas. O importante é que a equipe que está repondo a bola não perca a posse desta em seu campo de defesa e, muito menos, próximo à sua área-chave, evitando assim que a equipe adversária abra vantagem no placar.

5.3.4 Reposição da bola na lateral

A reposição da bola na lateral de quadra segue os mesmos princípios da reposição depois de um gol. O único cuidado que se deve ter é quando a reposição da bola é feita na linha lateral bem próxima à linha de fundo da quadra. Nesse local, é muito fácil para a defesa prender o *inbounder* e mais algum atleta que esteja participando da jogada.

Para evitar que os atletas de defesa deixem alguém "preso" no canto da quadra, aconselha-se um posicionamento mais distante no momento da reposição da bola, para que haja espaço suficiente para o *inbounder* voltar para a quadra com a possibilidade de se movimentar e escapar da marcação, abrindo caminho para que o atleta que está com a bola possa progredir.

5.3.5 Ataque 4 x 3 ou 4 x 2

Quando o atleta de uma equipe comete uma falta, ele é obrigado a pagar a penalização de ficar fora do jogo por 1 minuto, ou até que sua equipe sofra um gol. Nesses momentos, a defesa da outra equipe ficará menos resistente a um bom ataque; mas, nessas condições, nem sempre a melhor opção é marcar o gol. Em algumas situações, com um placar mais próximo ou faltando pouco tempo para o fim do jogo, é mais conveniente para a equipe que está em vantagem numérica provocar uma falta a seu favor, colocando, desse modo, mais de um atleta adversário na área de penalidade.

Uma das táticas para provocar a saída de mais um atleta da equipe adversária é empurrá-lo para fora da quadra pela linha de fundo ou forçá-lo a violar a distância mínima de um metro entre o *inbounder* e os demais atletas da partida.

5.3.6 Bola presa (*held ball*)

No RCR, existe a regra da bola presa que ocorre quando:

- dois atletas de equipes adversárias têm a posse da bola ao mesmo tempo;
- a bola está presa sob a cadeira de algum atleta;
- a bola sai de quadra depois de ter batido em dois atletas (ou na cadeira deles) de equipes opostas; e
- a bola estiver no chão, presa entre dois atletas ou entre a cadeira de rodas deles.

Para dar continuidade ao jogo quando esta situação acontece, há uma seta indicativa, que fica junto da mesa que controla os cronômetros, que mostra aos árbitros de quem será a posse de bola. Essa seta é posicionada logo depois do início do jogo, apontando para a direção do ataque da equipe que não conseguiu ter a primeira posse da bola. A partir daí, sempre que se for iniciar um dos períodos (ou quartos) do jogo, ou quando houver uma situação de bola presa, ela será da equipe para a qual a seta indica o ataque.

Sabendo disso, muitas equipes treinam uma ou mais jogadas para prender a bola, e, assim, inverter sua posse, especialmente quando, no início do próximo período/quarto, a posse da bola estiver com a outra equipe.

A equipe dos EUA recorre a um comando de voz, dado pelo técnico – *green light* (luz verde, na tradução) – para indicar aos atletas que é hora de tentar prender a bola e inverter a seta que indica sua posse. Se uma equipe conseguir iniciar todos os períodos do jogo com a posse de bola, ela tem mais chances de marcar alguns gols a mais que a outra equipe. O grande cuidado a ser tomado em relação a esse tipo de jogada é a real possibilidade de se cometer alguma falta na tentativa de executar o comando *green light*. É preciso treinar e refletir muito para ter certeza de que esse tipo de jogada trará mais benefícios que malefícios durante um jogo.

5.3.7 Atleta caído

Todos os atletas de RCR estão suscetíveis a quedas durante um jogo ou um treino e, em muitas situações, o jogo continua até que o árbitro ache necessário interrompê-lo, caso o atleta caído esteja com sua integridade física ameaçada. As quedas fazem parte do esporte e só são puníveis caso sejam provocadas por uma falta do tipo *spin* ou por um “excesso de vontade”.

Em uma situação na qual um atleta está com a bola e sofre um contato legal e, por isso, está caindo, ele não pode tocar o chão com nenhuma parte de seu corpo. Se o fizer, estará cometendo uma falta punível com 1 minuto de exclusão ou até que sua equipe sofra um gol. Mas esse atleta ou outro de sua equipe podem pedir um *time-out* (tempo de 30 segundos) e, assim, recomeçar o jogo mantendo a posse da bola.

Se o atleta que cair não estiver com a bola, o jogo pode continuar normalmente. Outra situação que não pode ocorrer é o atleta que está caindo tocar na cadeira de rodas ou no corpo do adversário. Esse tipo de contato também é ilegal e punível com 1 minuto fora do jogo ou até que a equipe do atleta que fez a falta sofra um gol.

Depois da queda, os árbitros autorizam duas pessoas do banco de reservas da equipe do atleta caído a entrarem em quadra para auxiliá-lo a ficar novamente na posição correta, para ajustar-lhe novamente as faixas e demais acessórios de segurança, como o cinturão que fixa o tronco e as fitas das pernas. Caso não seja possível que o atleta volte ao jogo no tempo máximo de 1 minuto, ele deve ser substituído, para que o jogo seja reiniciado, com a reposição da bola feita de uma das linhas laterais no ponto mais próximo de onde ocorreu o fato.

5.4 Manutenção de equipamento

Quando alguma parte do equipamento dos atletas (cadeira de rodas ou material de proteção) apresentar problema, os atletas devem comunicar aos árbitros colocando uma mão em cada ombro e dizendo "*equipment time-out*" ("tempo para equipamento"), e os árbitros interromperão o jogo para o ajuste ou o reparo do problema. Para o jogo ser interrompido por um *equipment time-out*, há algumas regras:

- O jogo será paralisado imediatamente se a situação estiver colocando em risco a integridade física de qualquer atleta em quadra.
- Se não houver risco para a integridade física de ninguém e se o atleta estiver em condições de se movimentar, o árbitro interromperá a partida na próxima vez que a bola estiver parada.

- Se não houver risco para a integridade física de ninguém, caso o atleta não consiga se movimentar, e a equipe que está atacando estiver em posição de marcar um gol, o árbitro interromperá a partida na próxima vez que a bola estiver parada.
- Se não houver risco para a integridade física de ninguém, caso o atleta não consiga se movimentar, e a equipe que está atacando não estiver em posição de marcar um gol, o árbitro interromperá a partida imediatamente.

O *equipment time-out* não pode ser utilizado para realizar substituições; apenas em casos em que o reparo do problema não possa ser resolvido em menos de 1 minuto, é permitida a substituição para que a partida possa prosseguir.

Os motivos mais comuns para o pedido de *equipment time-out* são pneus furados, rodas que começam a patinar/enroscar por estarem tortas ou pelo fato de os eixos estarem tortos, devido às pancadas, ou quando faixas, fitas e luvas começarem a se soltar.

Referências

Campana, M. B. *O Rugby em Cadeira de Rodas*: aspectos técnicos e táticos e diretrizes para seu desenvolvimento. 2010. 160 f. Dissertação (Mestrado em Educação Física) – Faculdade de Educação Física, Universidade Estadual de Campinas, Campinas, 2010.

Iniciação ao treinamento de *Rugby* em Cadeira de Rodas

Luis Felipe Castelli Correia de Campos

Os atletas elegíveis para a prática do *Rugby* em Cadeira de Rodas (RCR) têm comprometimentos neuromusculares ou amputações em pelo menos três membros. Dessa forma, o desenvolvimento de habilidades técnicas, como o manejo da cadeira, manejo da bola e precisão nos passes, é fundamental para bons desempenhos em quadra.

É possível notar que as lesões da medula espinhal, as amputações, as patologias e as síndromes que acometem os atletas praticantes de RCR tornam as sessões de treinamento uma tarefa de constante esforço, quando se fala em melhora dos componentes que são essenciais ao esporte, devido aos grandes comprometimentos físicos apresentados.

Outro aspecto inerente ao RCR é possibilitar uma atuação em quadra do modo mais competitivo e justo entre os atletas com alto grau de comprometimento físico, que, até então, integravam as modalidades com elegibilidade para qualquer deficiência física congênita ou adquirida, ou seja, muitos não tinham a oportunidade de entrar em quadra, por não serem compatíveis com o nível competitivo exigido.

Dado seu fator de inclusão e integração social, o RCR vem se popularizando e ampliando o número de participantes e de campeonatos nacionais e internacionais. E, de acordo com Gulick (2006) e Winnick (2004), é o esporte em cadeira de rodas que mais cresce no mundo.

Este capítulo tem como finalidade fundamentar os planejamentos e os exercícios a serem feitos pelos indivíduos que irão iniciar a prática do RCR, bem como a preparação de atletas de uma perspectiva mais científica, apresentando alguns aspectos fisiológicos inerentes à LME associados ao treinamento físico, uma proposta de sistematização das atividades e, por fim, propostas de exercícios para o desenvolvimento das capacidades físicas.

6.1 Iniciação ao treinamento: considerações

O treinamento desportivo é o conjunto de atividades sistematizadas em um período de longa duração, com o objetivo de preparar as funções fisiológicas, humanas e psicológicas de forma graduada e progressiva, em nível individual, para que os atletas possam corresponder às tarefas que lhes serão exigidas (Bompa, 2002).

Para Gomes (2009), o treinamento desportivo moderno está vinculado a leis e regras que orientam para o sucesso. Essas leis e regras, basicamente, podem ser subdivididas em dois grupos: princípios gerais e específicos.

Os princípios gerais, segundo o autor, incluem os princípios pedagógicos e são responsáveis pela formação e pelo amadurecimento das atitudes, da consciência, do caráter e da personalidade do atleta, ao passo que os princípios específicos são responsáveis pela especificidade do treinamento e do desenvolvimento das características essenciais inerentes à modalidade praticada.

O RCR é um esporte coletivo, praticado por pessoas tetraplégicas ou tetraequivalentes, com características intermitentes, e exige elevado nível de condicionamento físico, principalmente da região torácica e dos membros superiores.

Bompa (2002) ressaltou alguns princípios do treinamento a serem considerados no processo de planejamento, afirmando que cada indivíduo tem uma necessidade e uma adaptação diferente à carga de trabalho e que esses elementos proporcionarão resultados diferenciados. Dessa forma, pode-se entender que o caminho do sucesso estará diretamente relacionado à capacidade do treinador para provocar estímulos e recuperações de forma positiva e individualizada.

No Brasil, a prática do RCR é recente, e a maioria de seus praticantes é de lesados medulares (lesão na altura cervical).

Segundo Winnick (2004) e Saraiva et. al. (1995), a LME exigirá do treinador algumas considerações relevantes na montagem do planejamento dos treinamentos físicos, como a perda ou a diminuição de algumas funções motoras e sensitivas controladas por inervações presentes nos segmentos cervicais, diminuição ou perda do tônus muscular responsável pelo funcionamento dos órgãos pélvicos, assim como as alterações fisiológicas.

O treinamento físico deverá ser planejado com o intuito de melhorar significativamente a capacidade do indivíduo resistir por um maior tempo ao processo de fadiga muscular, independentemente de suas alterações sensitivas, fisiológicas ou motoras. Para que esse processo ocorra, autores como Vanlandewijck, Theisen e Daly (2001), Goosey-Tolfrey et al. (2006), Molik et al. (2008), Gorla, Campana e Oliveira (2009) e Sarro et al. (2010) contribuem no intuito de se obter metodologias, propostas de exercícios, testes, avaliações e parâmetros menos subjetivos para a maximização do rendimento atlético paradesportivo.

6.2 Treinamento

Para iniciar o trabalho de preparação paradesportiva, alguns estudos devem ser considerados, como o conduzido por Sarro et al. (2010), o qual fornece dados coletados durante uma partida, levando ao conhecimento da equipe valores referentes ao deslocamento em quadra, à quantidade e à velocidade dos *sprints*, quantidade de mudanças da quadra defensiva para ofensiva, e vice-versa, entre outros.

Baseando-se nisso, os atletas poderão ser divididos em dois grupos: pontos altos e pontos baixos, devido à diferença de objetividade dentro do jogo. Os atletas pontos altos (2.0, 2.5, 3.0 e 3.5) deverão dar ênfase no trabalho de força e velocidade com condução de bola, ao passo que os atletas pontos baixos (0.5, 1.0 e 1.5), deverão priorizar o trabalho de força e velocidade em manobras de bloqueio sem a posse de bola.

Ambos os grupos, na fase de iniciação, deverão dedicar-se a atividades cuja finalidade é adaptar ou "preparar" o atleta para as sessões específicas inerentes à modalidade. Espera-se, nessa fase geral, observar melhoras nos níveis de força global (trabalho em sala de musculação), de resistência geral e da coordenação dos movimentos (principalmente da propulsão da cadeira), como também analisar e fazer intervenções nas atitudes dos atletas (visão de jogo).

Com relação ao trabalho específico, os objetivos deverão ser centrar as atividades na realidade do jogo por meio do *scout*, ou seja, fazer exercícios relacionados às situações encontradas nas partidas, principalmente no que diz respeito à intensidade. O trabalho deverá se concentrar no aumento de força explosiva, no aumento dos níveis de resistência de força e de velocidade (maior tolerância à fadiga muscular) e no aperfeiçoamento dos atletas quanto aos fundamentos técnicos.

Vale ressaltar que as maximizações dos resultados em qualquer fase do treinamento são diretamente proporcionais ao trabalho equilibrado dos fatores quantitativos e qualitativos do treinamento, ou seja, a carga imposta, o número de repetições e a duração dos exercícios, as pausas e as avaliações periódicas da composição corporal e do desempenho motor, entre outros.

6.3 Periodização

No item anterior, identificaram-se as necessidades relativas às capacidades físicas inerentes ao RCR. Porém, torna-se imprescindível o conhecimento teórico e científico para a sistematização dessas atividades.

Para Gulick et al. (2006), os planejamentos das atividades referentes aos estímulos aplicados devem ser diferentes na fase *pré-temporada* (fase geral) e na fase *temporada* (fase específica).

Como já mencionado, na fase *pré-temporada* (geral), deve-se enfatizar a melhora dos aspectos referentes à força global (trabalho em sala de musculação), à resistência geral e à coordenação.

Quadro 6.1 – Treinamento *pré-temporada* (fase geral)

Segunda	Terça	Quarta	Quinta	Sexta	Sábado	Domingo
Alongamento dinâmico Pliométrico Alongamento estático	Livre	Alongamento dinâmico Fortalecimento Cardiovascular Alongamento estático	Alongamento dinâmico Pliométrico Alongamento estático	Livre	Alongamento dinâmico Fortalecimento Alongamento estático	Alongamento dinâmico Fortalecimento Cardiovascular Alongamento estático

Fonte: Gulick et al. (2006).

Já em relação à fase de temporada (específica), o trabalho deverá se concentrar no aumento de força explosiva, no aumento dos níveis de resistência de força e de velocidade (maior tolerância à fadiga muscular) e no aperfeiçoamento dos atletas quanto aos fundamentos técnicos.

Quadro 6.2 – Treinamento durante a *temporada* (fase específica)

Segunda	Terça	Quarta	Quinta	Sexta	Sábado	Domingo
Alongamento dinâmico Fortalecimento Cardiovascular Alongamento estático	Alongamento dinâmico Técnica Pliometria Alongamento estático	Livre	Alongamento dinâmico Fortalecimento Cardiovascular Alongamento estático	Alongamento dinâmico Técnica Pliometria Alongamento estático	Livre	Alongamento dinâmico Técnica Pliometria Alongamento estático

Fonte: Gulick et al. (2006).

No entanto, os planejamentos descritos anteriormente não devem ser adotados como uma “receita de bolo”, pois os fatores intrínsecos (alterações fisiológicas) e extrínsecos (o ambiente em que está inserido) que envolvem o treinamento são diferentes, mas, sim, como um elemento norteador a ser considerado pelos profissionais que atuarão de forma direta nos treinamentos físicos.

6.4 Sugestão de atividades

Com a vivência, observa-se que os exercícios relacionados a seguir podem ser executados pela maioria das pessoas com tetraplegia, ao passo que algumas necessitam de adaptações maiores.

Quadro 6.3 – Proposta de exercícios para treinamento de RCR

	Materiais	**Execução**
Exercício 1	Cone, apito e cronômetro	Ao som do apito, dá-se início à atividade; os apitos irão definir o que deve ser feito: ▪ *Um apito*: propulsão para frente. ▪ *Dois apitos*: propulsão para trás. ▪ *Três apitos*: mudança de direção (sentido oposto). O formato do circuito deverá ser preestabelecido pelo treinador. De preferência usar a quadra de jogo. Esse formato pode ser retangular, quadrado e em círculo.
Exercício 2	Apito e cronômetro	"Tocando" (propulsionando) a cadeira, a cada sinal sonoro em um intervalo curto de tempo (3 a 5 segundos), mudar de direção, bem como inverter o lado que estiver tocando a cadeira (frente-atrás, direita-esquerda). A ser feito dentro da quadra de jogo.
Exercício 3	Apito	Pega-pega ajuda. Para iniciar a atividade, deve-se estabelecer um pegador dentro da equipe. Todos deverão percorrer a quadra com o objetivo de fugir do pegador. O participante estará pego quando sua cadeira e a do pegador se chocarem, exceto se o primeiro contato ocorrer em sua roda. O objetivo do jogo é ser o último a ser pego.
Exercício 4	Apito	Carrinho de mão. Em duplas, um atleta deverá segurar a cadeira de quem estiver na sua frente, enquanto o da frente terá de tracionar o companheiro até o outro lado da quadra; chegando ao outro lado, quem estava sendo tracionado, irá tracionar.

Continua

Continuação

	Materiais	Execução
Exercício 5	Apito	Mãe da rua. Para iniciar a atividade, escolhe-se um pegador, que deverá ficar no centro da quadra, enquanto o resto, nas laterais. Ao sinal sonoro, todos terão de atravessar para o outro lado da quadra. Quem for pego, fica no centro, ajudando a pegar os que ainda não foram pegos.
Exercício 6	Bola e apito	Passa dez. Dividem-se os atletas em duas equipes. Cada equipe deverá passar a bola dez vezes, sem que o adversário encoste. A cada dez passes conquistados, marca-se um ponto. O objetivo é fazer mais pontos que o adversário.
Exercício 7	Apito e cones	Circuito. O circuito deverá ter quatro estações. Cada lateral da quadra será uma estação e cada fundo de quadra também. Na primeira e terceira estações (laterais), os atletas deverão fazer o *slalom*, mais conhecido como zigue-zague. Na segunda e quarta estações (fundos), os atletas deverão fazer um percurso de 20 metros em velocidade máxima.
Exercício 8	Apito, cones e bolas	Para o início da atividade, deve-se demarcar um espaço de 4 metros, com um cone em cada lado, e um atleta localizado a 4 metros dos cones, formando um triângulo equilátero. Um atleta terá de circular os cones formando um "oito"; em um cone, fará os passes, no outro, a recepção.
Exercício 9	Rampa, corda e anilha	Atividade de velocidade resistida. O atleta deverá percorrer um trajeto, tendo como resistência uma corda segurada pelo treinador ou presa por uma anilha, ou fazer a atividade em lugares inclinados. Quando a corda for segurada pelo treinador, depois de uma distância pré-estipulada, poderá ser solta, para que o atleta continue sem a resistência.

Continua

Continuação

	Materiais	Execução
Exercício 10	Apito e cronômetro	Solicitar que a equipe toque (propulsione) a cadeira por determinado tempo no mesmo ritmo, caracterizando uma atividade contínua, e, durante alguns momentos, aumentar ou diminuir a intensidade da velocidade, caracterizando uma atividade intervalada.
Exercício 11	Apito	Na quadra de jogo, os atletas deverão se posicionar na linha de fundo. No momento em que for dado um estímulo sonoro, deverão tocar a cadeira o mais rapidamente possível, até ficarem paralelos ao treinador, e, em seguida, voltar para a linha de fundo, tocando a cadeira para trás. Chegando à linha de fundo, deslocar-se-ão novamente para frente até o treinador (que deverá se posicionar no meio da quadra). Deverão voltar tocando a cadeira para trás e, para encerrar, deverão tocar a cadeira até a linha de fundo do outro lado.
Exercício 12	Apito e cronômetro	Uma equipe atacando e outra defendendo. A defesa deve proteger uma área ou um objeto específico. Ao sinal, o ataque deve entrar nessa área ou pegar esse objeto, e os defensores devem impedi-lo em um determinado tempo.
Exercício 13	Apito	Exercícios coordenativos. Posicionados de um lado da quadra, ao sinal sonoro, ir até o outro lado fazendo o seguinte: ▪ de frente até o meio, frear a cadeira no centro da quadra, dar um toque para trás e novamente para frente até o final; ▪ de frente até o meio, frear a cadeira no centro da quadra, dar um toque para o lado esquerdo (180°) e depois para o direito (180°) e terminar tocando de frente até o outro lado; ▪ de frente, tocando até o meio, vira de costas no centro da quadra e termina de costas; ▪ tocar de um lado ao outro, em velocidade máxima, de frente e de costas.

Continua

Continuação

	Materiais	Execução
Exercício 14	Vários tipos de bola	Troca de passes em duplas. Passes executados com vários tipos de bola (basquete, vôlei, tênis etc.), com as duas mãos, e, antes de fazer o passe, dever-se-á quicar a bola de um lado e do outro.
Exercício 15	Apito	Em duplas. Um na frente e um atrás, tocando a cadeira e mantendo uma distância predeterminada. Ao aviso sonoro, o jogador que vem atrás deverá alcançar o atleta que está na frente. Fazer na quadra de jogo, de uma linha de fundo a outra.
Exercício 16	Bola e apito	Em duplas, a 5 metros de distância um do outro. Depois do sinal sonoro, fazer o passe, tocar a cadeira em velocidade, bater na cadeira da dupla e voltar de costas até o ponto inicial. Quem recepcionou a bola, deverá fazer o exercício do mesmo modo.
Exercício 17	Bola e apito	Separados em duas fileiras, sendo uma em cada escanteio. Depois do aviso sonoro, o treinador jogará a bola próximo do centro de quadra; quem pegá-la tentará marcar o ponto do outro lado da quadra; quem está sem bola tentará impedi-lo.

Referências

BOMPA, T. O. *Periodização*: teoria e metodologia do treinamento. 4. ed. São Paulo: Phorte, 2002.

GOMES, A. C. *Treinamento Desportivo*: estruturação e periodização. 2. ed. Porto Alegre: Artmed, 2009.

GOOSEY-TOLFREY, V. et al. Aerobic capacity and peak power output of elite quadriplegic games players. *Br. J. Sports Med.*, v. 40, n. 8, p. 684-7, 2006.

GORLA, J. I.; CAMPANA, M. B., OLIVEIRA, L. Z. *Teste e Avaliação em Esporte Adaptado*. São Paulo: Phorte, 2009.

GULICK, D. et al. *Quad Rugby*: A Strength and Conditioning Program for the Elite Athlete. *Strength Cond. J.*, v. 28, n. 4, p. 10-8, 2006.

MOLIK, B. et al. An examination of the International Wheelchair Rugby Federation classification system utilizing parameters of offensive game efficiency. *Adapt. Phys. Activ. Q.*, v. 25, n. 4, p. 335-51, 2008.

SARAIVA, R. A. et. al. As bases fisiopatológicas para a anestesia no paciente com lesão medular. *Ver. Bras. Anestesiol.*, v. 45, n. 6, p. 387-98, 1995.

SARRO, K. J. et al. Tracking of wheelchair rugby players in the 2008 Demolition Derby final. *J. Sports Sci.*, v. 28, n. 2, p. 1-8, 2010.

VANLANDEWIJCK, Y.; THEISEN, D.; DALY, D. Wheelchair propulsion biomechanics: Implications for wheelchair sports. *Sports Med.*, v. 31, n. 5, p. 339-67, 2001.

WINNICK, J. P. *Educação Física e Esportes Adaptados*. 2. ed. Barueri: Manole, 2004.

7 Lesões esportivas no *Rugby* em Cadeira de Rodas

Marília Passos Magno e Silva

Edison Duarte

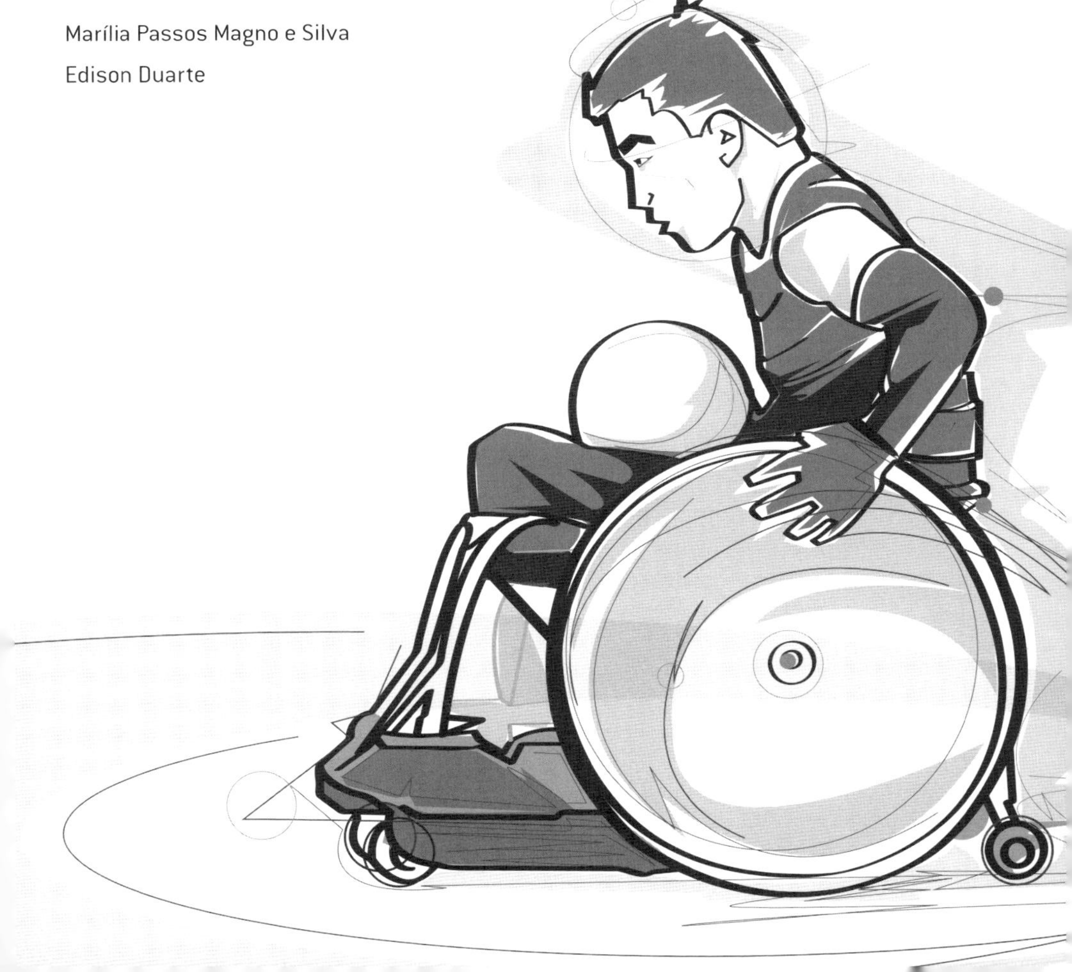

Neste capítulo, serão abordados alguns aspectos das lesões esportivas como: definição, classificação, fatores intrínsecos e extrínsecos, além de formas de prevenção e de tratamento das principais lesões esportivas que acometem a modalidade de *Rugby* em Cadeira de Rodas (RCR).

7.1 Definição de lesão esportiva

Há várias definições para a expressão *lesões esportivas*, o que acaba dificultando os estudos na área, já que o conceito não é consistente.

No meio paralímpico, Ferrara et al. (1992) definiram lesão esportiva como qualquer lesão que acometa o atleta durante o período de treino ou de competição, que modifique ou interrompa sua atuação esportiva.

7.2 Classificação

As lesões esportivas podem ser classificadas de diversas formas (tempo, severidade, localização e diagnóstico, entre outras). A seguir, listam-se em tópicos as mais adotadas para sua classificação.

7.2.1 Tempo

A lesão pode ser classificada de três formas quanto ao tempo em que ocorreu:

- Aguda: de 0 a 6 dias de lesão.
- Subaguda: de 14 a 21 dias de lesão.
- Crônica: mais de 21 dias de lesão.

O processo de intervenção e tratamento é diferente para cada momento da fase da lesão esportiva.

7.2.2 Severidade

A severidade da lesão está relacionada ao período em que o atleta fica afastado do treinamento ou da competição por causa da lesão, podendo ser classificada em:

- *Leve*: de 0 a 7 dias de afastamento.
- *Moderada*: de 8 a 21 dias de afastamento.
- *Grave*: 21 dias de afastamento ou dano permanente.

7.2.3 Recidiva

Ocorre quando uma lesão reaparece da mesma forma, com as mesmas características da anterior, depois do retorno para participação esportiva.

- *Recidiva precoce*: depois de dois meses de retorno do atleta.
- *Recidiva tardia*: entre dois e 12 meses de retorno do atleta.
- *Recidiva adiada*: depois de 12 meses de retorno do atleta.

7.2.4 Mecanismo

- *Acidente esportivo*: lesões que ocorrem de forma aguda, bem determinadas por descrição do atleta, podendo ser causadas de forma direta (contusões, fraturas) ou indireta (estiramento, fratura por avulsão).

- *Sobrecarga*: lesões causadas por microtraumas de repetição, resultantes da dosagem de cargas físicas de repetição, com recuperação inadequada do sistema musculoesquelético.

7.2.5 Hemicorpo

Está relacionado com o lado do corpo afetado pela lesão (direito, esquerdo, bilateral). É importante, porque revela se a lesão tem uma ligação com o hemicorpo predominante do atleta. O uso predominante de um membro no gesto esportivo pode definir o hemicorpo mais afetado.

7.2.6 Segmento e regiões corporais

O corpo humano é composto de diversas estruturas; para melhorar a compreensão, foi dividido em segmentos corporais. Essa divisão também varia de acordo com os estudos epidemiológicos, o que dificulta a comparação entre eles. É possível organizar os segmentos corporais nas seguintes regiões (com seus locais específicos):

- *Cabeça*: cabeça, face.
- *Coluna*: cervical, lombar, dorsal.
- *Tronco*: tórax, abdome.
- *Membros superiores*: cintura escapular, ombro, braço, cotovelo, antebraço, punho, mão, dedos.
- *Membros inferiores*: cintura pélvica, quadril, coxa, joelho, perna, tornozelo, pé, dedos.

Diversos fatores influenciam no surgimento das lesões esportivas, podendo ser intrínsecos (quando relacionados com aspectos internos, do organismo do atleta, que não podem ser modificados), ou extrínsecos (fatores externos, que podem ser modificados). O Quadro 7.1 apresenta esses fatores:

Quadro 7.1 – Fatores externos e internos que influenciam no surgimento de lesões esportivas

Fatores externos	**Fatores internos**	
	Não suscetíveis à ação do treinamento	**Suscetíveis à ação do treinamento**
▪ Modalidade esportiva ▪ Regulamento ▪ Tempo de jogo ▪ Nível de jogo ▪ Importância do jogo ▪ Superfície da quadra/campo ▪ Clima ▪ Temporada ▪ Equipamento	▪ Traumas anteriores ▪ Idade ▪ Gênero ▪ Somatótipo ▪ Deficiência	▪ Nível do preparo ▪ Tarefas desportivas anteriores ▪ Flexibilidade ▪ Força ▪ Estabilidade articular ▪ Biomecânica ▪ Equilíbrio, propriocepção ▪ Estrutura de aquecimento ▪ Fatores psicológicos e psicossociais

7.3 Lesões esportivas em atletas de *Rugby* em Cadeira de Rodas

O *Rugby* é uma das poucas modalidades dos Jogos Paralímpicos de Verão considerada de alto risco, já que o impacto entre as cadeiras e as quedas ao solo são frequentes (Ferrara e Peterson, 2000).

Diversos estudos relatam a maior frequência de lesão esportiva nos membros superiores de atletas que praticam esportes em cadeira de rodas, sendo a articulação do ombro a mais afetada (Ferrara et al, 1992; Nyland et al., 2000; Ferrara e Peterson, 2000). As lesões em atletas cadeirantes são, em sua maioria, leves (Ferrara e Buckley, 1996), acometendo, principalmente, os tecidos moles.

Uma das maiores complicações para o tratamento de lesões nos atletas cujo meio de locomoção e prática esportiva é a cadeira de rodas é que a solicitação de repouso, para auxiliar o processo de tratamento, interfere na capacidade de locomoção e independência desse atleta, que necessita exclusivamente dos membros superiores para deslocar a cadeira, criando um ciclo vicioso da lesão (Figura 7.1):

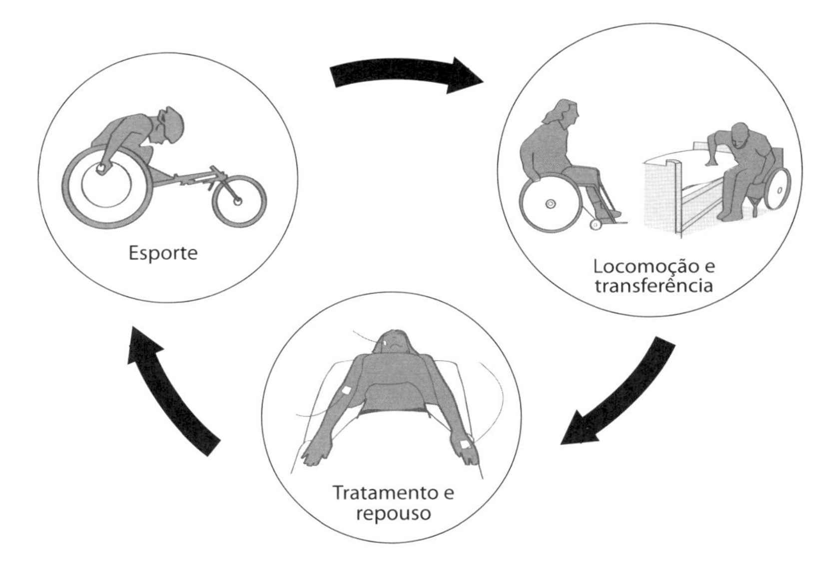

Figura 7.1 – Modelo do ciclo vicioso das lesões em membros superiores de atletas em cadeira de rodas.

Estudos revelam que atletas com tetraplegia apresentam fraqueza dos músculos adutores dos ombros, relacionada a dores e desgaste dos músculos escapulares (Miyahara, Sleivert e Gerrard, 1998). O desequilíbrio dos músculos da região do ombro, principalmente dos depressores da cabeça umeral, é um dos principais fatores para as queixas dessa articulação. O nível de lesão está relacionado com o comprometimento da funcionalidade dessa articulação.

Diversas estruturas do corpo podem sofrer lesões nessa modalidade. O Quadro 7.2, a seguir, especifica as principais lesões esportivas, que ocorrem com maior frequência nos atletas praticantes dessa modalidade, abordando aspectos de definição, estrutura lesionada, tipo de lesão, local afetado e prevenção.

Quadro 7.2 – Principais lesões esportivas nos atletas praticantes do *Rugby* em Cadeira de Rodas

Estruturas	Tipo de lesão	Definição	Região corporal	Prevenção
Lesões de pele	Escoriação/abrasão	Lesão do segmento cutâneo, com arrancamento da epiderme, expondo a derme (France, 2004).	Mãos Dedos Antebraço	Luvas manguito
	Ferimento corto-contuso	Lesões traumáticas com solução de continuidade do revestimento cutâneo. Caracterizada por bordas irregulares, anfractuosos, com atrição tecidual e equimoses (Bogossian, 1981).	Mãos Dedos	
	Bolhas	Lesão causada por um contato maior de atrito com a epiderme, originando uma solução de continuidade entre a derme e a epiderme, preenchida por líquido seroso, ou sanguíneo, definido por "bolha" (Peterson e Renström, 2002).	Mãos Dedos	
Bursas	Síndrome do impacto subacromial	Decorre de um desequilíbrio muscular dos estabilizadores do ombro (músculo manguito rotador), causando impacto nas estruturas subacromiais (tendões, bursas).	Ombro	Equilíbrio muscular do manguito rotador
Tendões	Tendinoses	Degeneração do colágeno com separação e desorganização das fibras. É considerado um processo mais degenerativo do que inflamatório (Hammer, 2007).	Ombro Cotovelo	Treinamento adequado
Nervos	Síndrome do túnel do carpo (nervo medial) Neuropatia do nervo ulnar	Compressões nervosas causadas principalmente pelo impacto repetitivo dessas estruturas ao tocar a cadeira.	Cotovelo Punho Mão	Modificação mecânica da propulsão da cadeira Luvas
Músculos	Contraturas	A contratura é uma contração muscular duradoura, involuntária, que causa dor local. Está relacionada a vários fatores, sendo o mais importante a fadiga muscular (Goroll e Mulley, 2009).	Dorsal Cervical	Alongamento Treinamento adequado

7.4 Medidas preventivas

7.4.1 Equipamentos de proteção

7.4.1.1 Cadeira de jogo

A própria cadeira de jogo, além da função de deslocamento do atleta em quadra, também tem por função protegê-lo. A chapa externa da roda (1), a estrutura anterior (2), a cambagem das rodas da cadeira (3) e a roda traseira menor (4) diminuem as chances de o atleta sofrer quedas e possíveis traumas diretos, além de melhorarem a propulsão da cadeira de rodas; porém não impedem totalmente que as lesões esportivas ocorram.

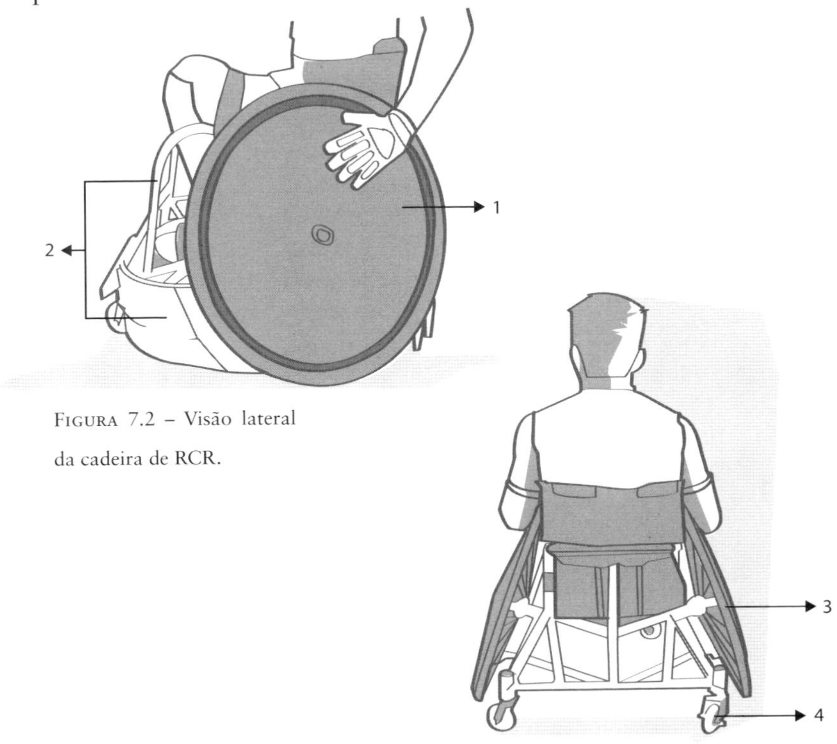

Figura 7.2 – Visão lateral da cadeira de RCR.

Figura 7.3 – Visão posterior da cadeira de RCR.

7.4.1.2 Manguito

O manguito é confeccionado de um tecido de *Lycra* ou neoprene. O tecido de *Lycra* protege apenas a derme de lesões por atrito. Já o tecido de neoprene, por ser um material de absorção, também protege de traumas leves na região.

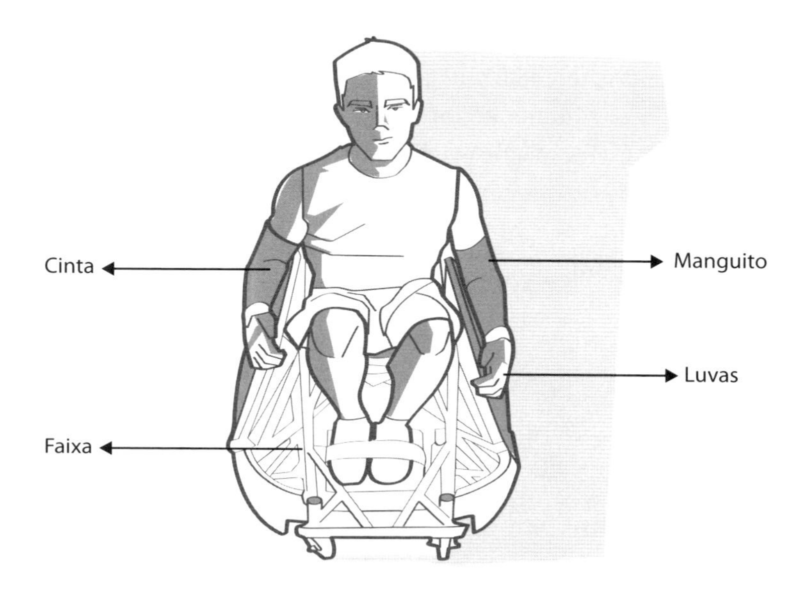

Figura 7.4 – Visão anterior da cadeira do RCR.

7.4.1.3 Luvas

As luvas melhoram a propulsão da cadeira e protegem a mão dos atletas de possíveis lesões por contusão e escoriação no aro da própria cadeira ou no trauma com a cadeira do jogador adversário.

Um estudo avaliou o desempenho de atletas de RCR com diferentes modelos de luvas. As luvas adaptadas pelo próprio atleta, de acordo com sua necessidade, eram as mais eficientes nos aspectos avaliados (conforto, aderência, proteção e preparação). O estudo ainda relata a necessidade de luvas diferenciadas para atletas ponto alto e ponto baixo (Mason, Van der Woude e Goosey-Tolfrey, 2009).

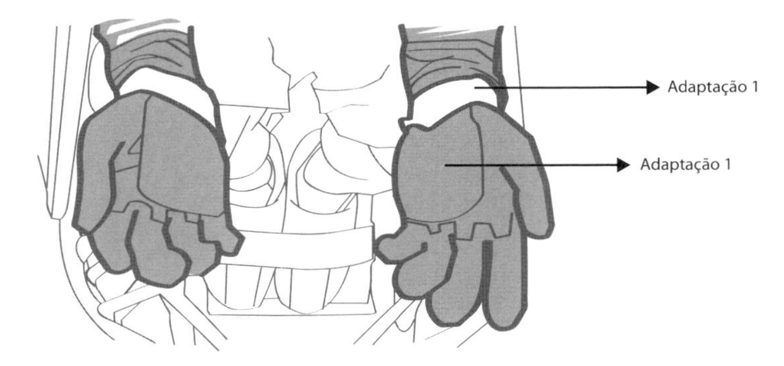

Figura 7.5 – Proteções comumente usadas nas mãos pelos jogadores de RCR.

7.4.1.4 Uniforme

O uniforme, além de identificar os jogadores, também pode apresentar características de proteção e adaptação que favoreçam os atletas. Trocar fechos de zíper ou botão por velcro facilita e dá liberdade para o atleta ser independente quanto à colocação do uniforme.

Levando em consideração os aspectos de alteração na termorregulação, pode-se recomendar o uso de uniformes com sistema *dry fit*, para períodos de treinamentos em temperatura mais elevada. Lembrete: no inverno, o atleta deve utilizar roupas quentes.

7.4.1.5 Treinamento

Uma boa estrutura de treinamento, respeitando a capacidade física de cada atleta, é muito relevante como forma de prevenir lesões esportivas, principalmente lesões por mecanismos de sobrecarga. Os capítulos sobre treinamento e alterações fisiológicas especificam algumas condições fisiológicas relacionadas aos atletas com tetraplegia, as quais devem ser consideradas ao se elaborar o treinamento da equipe.

Já as lesões por acidente esportivo, além do uso de equipamentos de proteção, podem ser evitadas mediante cumprimento de aspectos tático-técnicos do jogo, encontrados nos capítulos 4 e 5.

Referências

BOGOSSIAN, L. Traumatismos em Geral: estudos etiopatológicos dos traumas mecânicos. *J. Bras. Med.*, São Paulo, v. 41, n. 2, p. 51-70, 1981.

BURNHAM, R.; STEADWARD, R. Upper extremity peripheral nerve entrapments among wheelchair athletes: prevalence, location, and risk factors. *Arch. Phys. Med. Rehabil.*, v. 75, n. 5, p. 519-24, 1994.

FERRARA, M.; BUCKLEY, W. Athletes with Disabilities Injury Registry. *Adapt. Phys. Act. Q.*, Champaign, v. 13, p. 50-60, 1996.

FERRARA, M.; PETERSON, C. Injuries to Athletes with Disabilities: identifying injury patterns. *Sports Med.*, v. 30, n. 2, p. 137-43, 2000.

FERRARA, M. et al. The Injury Experience of The Competitive Athlete With a Disability. *Med. Sci. Sport Exerc.*, v. 24, n. 2, p. 184-8, 1992.

FRANCE, R. *Introduction to Sports Medicine and Athletic Training*. Independence: Cengage Learning, 2004.

HAMMER, W. Tendinoses. In: HYDE, T.; GENGENBACH, M. *Conservative Management of Sports Injuries*. 2. ed. Ontario: Jones and Bartlett, 2007. p. 292-4.

GOROLL, A.; MULLEY, A. *Primary Care Medicine:* Office Evaluation and Management of the Adult Patient. Philadelphia: Lippincott Williams e Wilkins, 2009.

MIYAHARA, M.; SLEIVERT, G.; GERRARD, D. The relationship of strength and muscle balance to shoulder pain and impingement syndrome in elite quadriplegic wheelchair rugby players. *Int. J. Sports Med.*, n. 19, v. 3, p. 210-4, 1998.

MASON, B. S.; VAN DER WOUDE, L. H.; GOOSEY-TOLFREY, V. L. Influence of glove type on mobility performance for wheelchair rugby players. *Am. J. Phys. Med. Rehabil.*, n. 88, v. 7, p. 559-70, 2009.

NYLAND, J. et al. Soft Tissue Injuries to USA Paralympians at the 1996 Summer Games. *Arch. Phys. Med. Rehabil.*, New York, v. 81, n. 3, p. 368-77, 2000.

PETERSON, L; RENSTRÖM, P. *Lesões do Esporte*. 3. ed. São Paulo: Manole, 2002.

PLATONOV, V. *Tratado Geral de Treinamento Desportivo*. São Paulo: Phorte, 2008.

8

Bateria Beck de habilidades para *Rugby* em Cadeira de Rodas

José Irineu Gorla
Anselmo de Athayde Costa e Silva
Leonardo Trevisan Costa

Yilla e Sherrill (1998) validaram a bateria Beck de testes de habilidades motoras para atletas de *Rugby* em Cadeira de Rodas (RCR). Acredita-se que essa bateria seja um instrumento importante para a avaliação dos atletas de *Rugby* e consiste em cinco testes, criados especificamente para avaliar as habilidades do RCR:

- Teste de manejo de bola;
- Teste de precisão de passes;
- Teste de desempenho de bloqueio;
- Teste de velocidade – 20 metros;
- Teste de passes de longa distância.

8.1 Teste de manejo de bola

Neste teste, o atleta deve percorrer um trajeto delimitado por cones durante um período de 30 segundos, conduzindo a bola de acordo com as regras da modalidade, ou seja, a cada 10 segundos deve ser executado um drible. O percurso é demarcado, conforme a Figura 8.1. Os cones do percurso formam "portas"; ao dar a volta em cada "porta", o atleta marca um ponto. São duas tentativas válidas e o número de pontos marcados no fim do teste é o resultado.

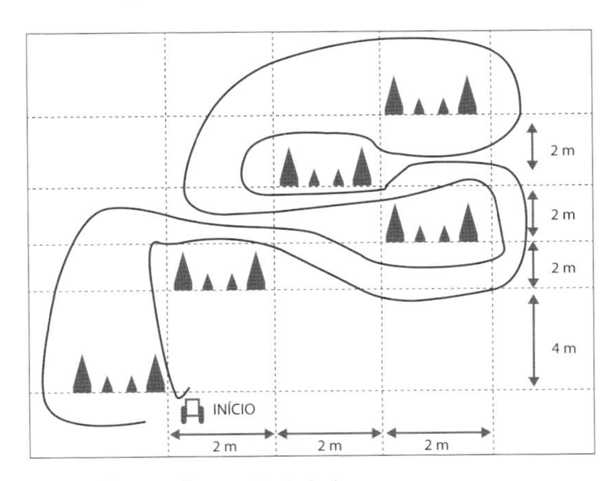

Figura 8.1 – Percurso do teste de manejo de bola.

8.2 Teste de precisão de passes

Neste teste, desenha-se um alvo na parede, cuja distância do sujeito avaliado é de 5 metros. A cada metro, do sujeito à parede, é passada uma linha, separando espaços cujos valores vão de um ponto, na primeira parte, à frente do avaliado, ao centro do alvo, que vale 10 pontos. A altura do alvo em relação ao chão é de 1,15 metro. O teste consiste em fazer passes até o alvo, para quantificar a pontuação, e o passe que o atleta faz em quadra deve ser usado no teste. Em cada tentativa do teste (duas ao todo), são três execuções. A soma dos pontos obtidos em cada tentativa é o resultado do teste e o melhor resultado é computado para as análises.

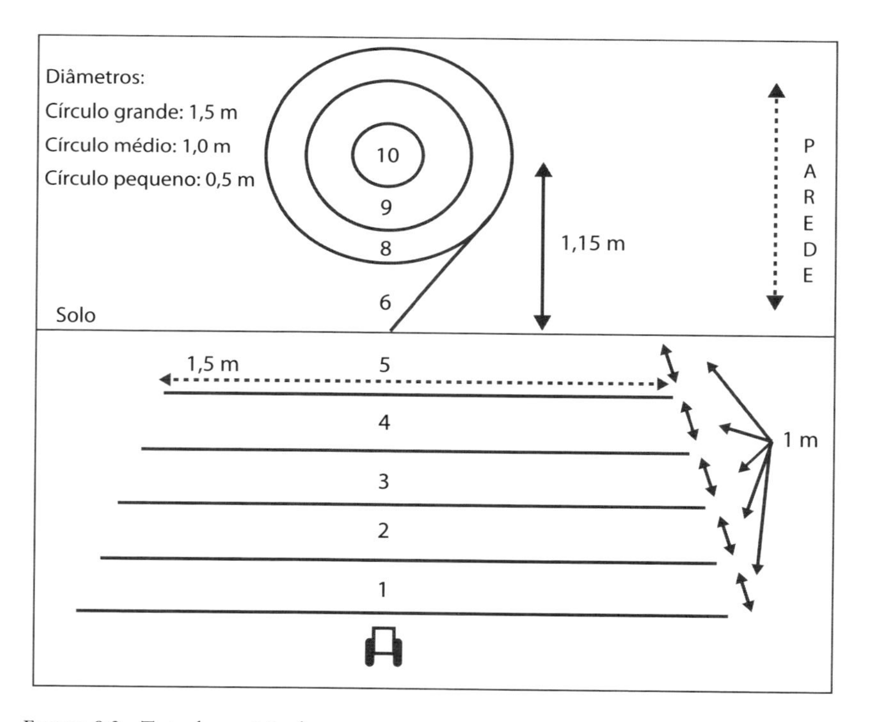

Figura 8.2 – Teste de precisão de passes.

8.3 Teste de desempenho de bloqueio

Este teste mensura a habilidade de bloqueio, que é determinante para o desempenho do atleta nas partidas de RCR. O teste consiste em um percurso de aproximadamente 24 metros, com seis cones colocados em linha reta, com distância de 3 metros entre cada um deles, e distância de 1,5 metro entre o início do percurso e o primeiro cone, bem como do último cone e o término do percurso. Levando em consideração que a base dos cones pode variar de tamanho, estima-se a área de execução em 24 metros. Contudo, para este estudo, a distância foi de 22,8 metros, por conta da largura dos cones. O atleta deve simular a ação do bloqueio em cada um dos cones. O resultado é o tempo em segundos da ação dos atletas.

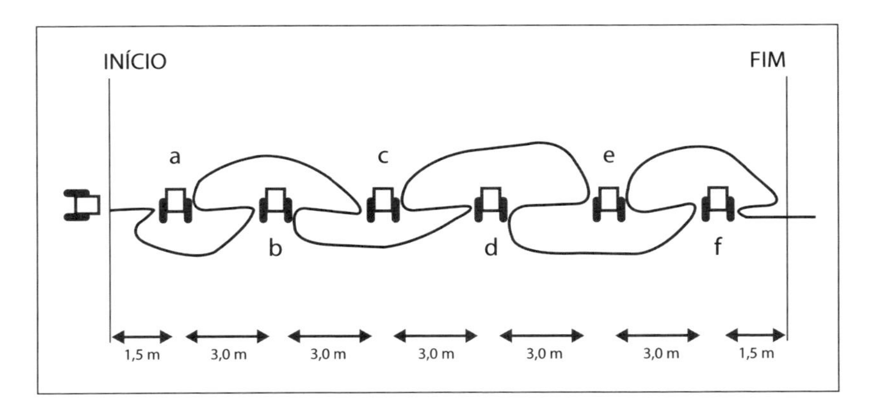

Figura 8.3 – Percurso do teste de desempenho de bloqueio.

8.4 Teste de velocidade: 20 metros

Este teste consiste em mensurar a habilidade de deslocamento em velocidade. Opta-se por um percurso de 20 metros. O avaliador posiciona-se no fim do percurso e um auxiliar fica posicionado no início para dar o sinal que corresponde à saída do atleta. O ponto de referência para o teste é a passagem do par de rodas dianteiras da cadeira. Quando este passa à linha, o auxiliar que está com o braço elevado abaixa-o para indicar ao avaliador, que começa a cronometrar o tempo. O atleta desloca-se em velocidade e quando passa pela linha final, o segundo avaliador para o cronômetro. O tempo em segundos é computado. São válidas duas tentativas no teste.

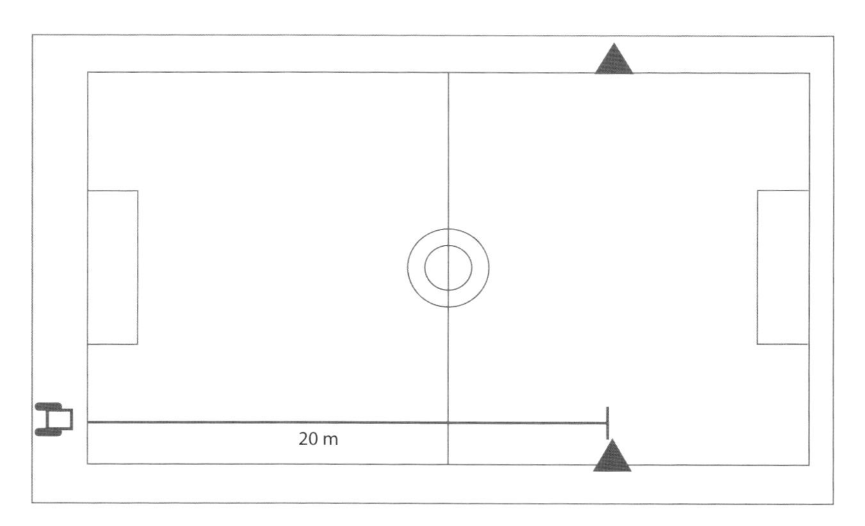

Figura 8.4 – Percurso do teste de velocidade: 20 metros.

8.5 Teste de passes de longa distância

Este teste avalia a habilidade do atleta para fazer passes longos. São duas tentativas, com três passes em cada uma. Inicialmente, o atleta posiciona-se atrás da linha de arremesso demarcada por cones (Figura 8.5). Em seguida, ele arremessa a bola o mais distante possível, usando qualquer tipo de passe. A pontuação para cada tentativa é o valor designado no ponto no qual a bola tocar primeiro. A pontuação para cada tentativa é o valor total dos três arremessos.

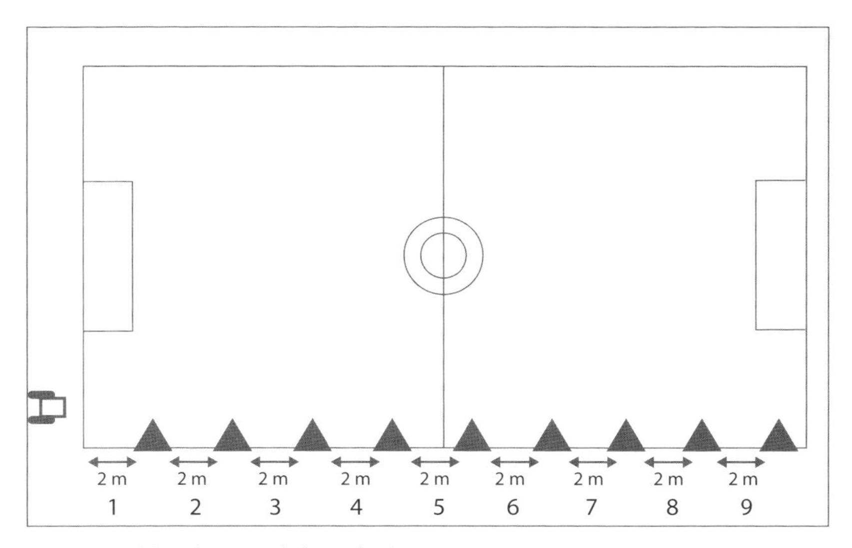

Figura 8.5 – Teste de passes de longa distância.

Referências

Yilla, A. B.; Sherrill, C. Validating the Back Battery of Quad Rugby Skill Test. *Adap. Phys. Act. Q.*, v. 15, p. 155-67, 1998.

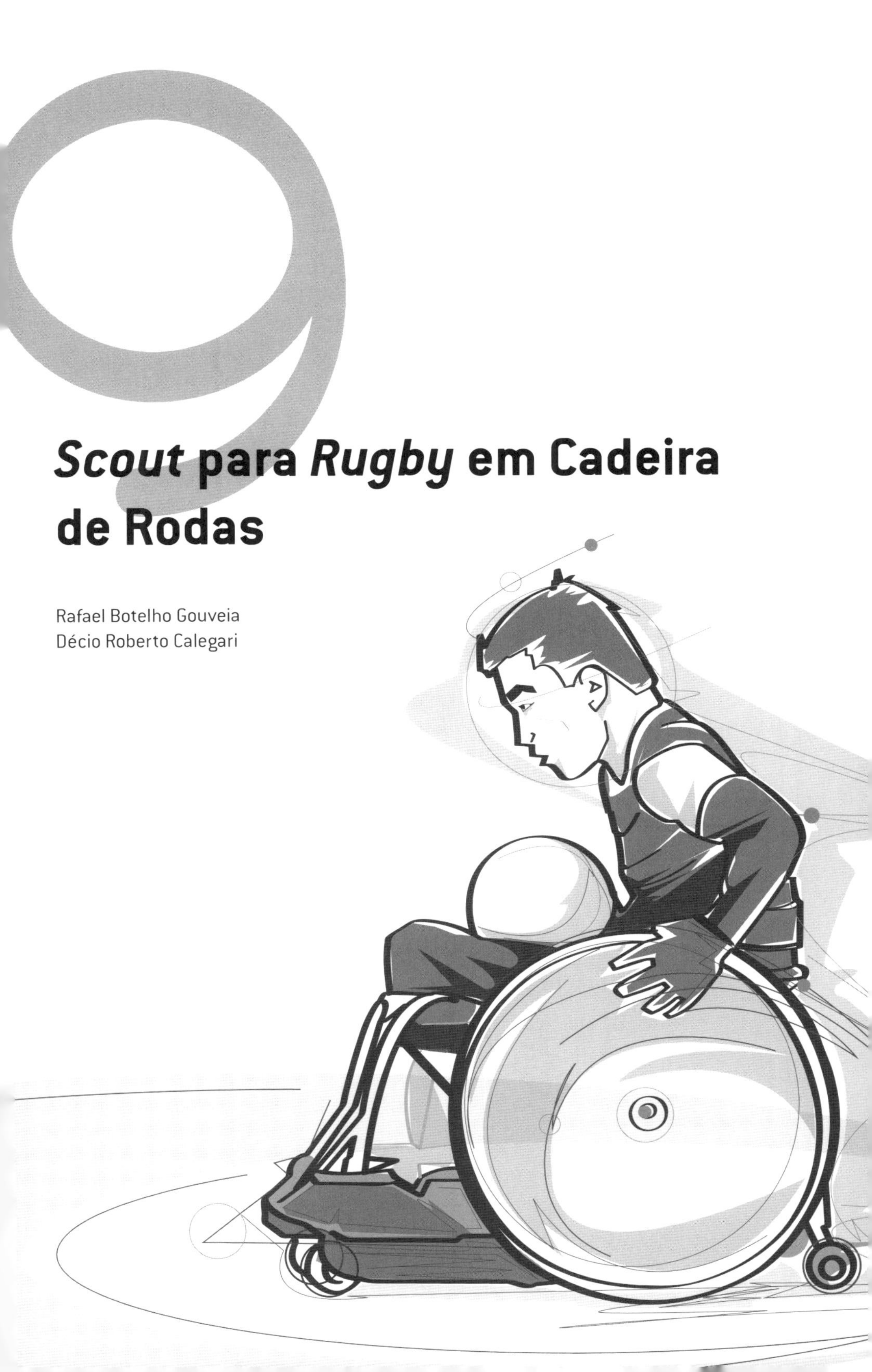

9

Scout para *Rugby* em Cadeira de Rodas

Rafael Botelho Gouveia
Décio Roberto Calegari

Baseada no estudo de Calegari et al (2008), desenvolveu-se uma planilha de análise quantitativa de jogo (Anexo II), com o objetivo de descobrir qual fundamento, ação ou comportamento é determinante para o sucesso na modalidade.

A planilha contém os seguintes índices:

- Índices técnicos:
  - *Passes*: certo e errado. O passe certo é caracterizado pela direção imposta à bola, tendo como objetivo a recepção por outro atleta da equipe; o passe errado é caracterizado como a falha desse processo.
  - *Erros de recepção*: a falha na recepção de um passe ou a falha na interceptação de uma bola.
  - *Erros forçados*: quando um jogador induz o adversário a um erro, seja interceptando uma bola, ou impedindo a progressão do adversário, entre outros.

- Índices tático-disciplinares:
  - *Doze segundos*: violação do tempo máximo para passar à zona de ataque.
  - *Dez segundos*: violação do tempo máximo que um jogador pode ficar com a posse de bola sem driblar ou passar a bola.
  - *Dez segundos na chave*: violação do tempo máximo que um jogador pode ficar na área de ataque.
  - *Quatro na chave*: quando a defesa comete falta, colocando quatro defensores na área de defesa.
  - *Voltar quadra*: violação cometida quando o jogador em posse de bola volta da quadra ofensiva para a defensiva.
  - *Faltas*: quantas faltas que causam exclusão momentânea (1 minuto do tempo cronometrado) o jogador faz durante a partida.
  - *Gols*: quantos gols um jogador marca na partida.

9.1 A equipe de análise e seus métodos

Os dados foram coletados durante os jogos de RCR por uma equipe de avaliadores treinados, trabalhando em duplas, cada uma coletando dados de uma equipe por jogo. Na dupla, o avaliador mais experiente foi o responsável pela observação do jogo e o outro, pelas marcações na tabela de *scout*.

As partidas são divididas em quatro períodos de 8 minutos. Cada tabela tem apenas vinte células para marcação por índice a ser avaliado. A divisão foi feita a cada dois períodos, ou seja, o primeiro e o segundo em uma mesma tabela, ao passo que os outros dois períodos foram analisados em outra tabela.

Cada período ímpar foi marcado com caneta azul; os períodos pares, com caneta vermelha. Dessa forma, procurou-se diminuir a possibilidade de confusão no somatório dos dados.

Durante as partidas, conforme um jogador executava uma ação, os avaliadores anotavam de acordo com a classificação dela; por exemplo: um jogador do time "azul" fez um passe certo, assim, esse índice era anotado na coluna de passes, de acordo com a numeração do atleta.

Depois do fim da partida, os avaliadores somaram os índices de acordo com o período e com os somatórios individuais.

9.2 Recursos e análise de dados

Foram usados, além das tabelas de *scout*, canetas azul e vermelha, um microcomputador, *softwares* Microsoft Excel e BioEstat 5.0.

As partidas foram analisadas ao vivo. Os índices avaliados foram registrados nas planilhas e, depois, computados no *software* Microsoft Excel.

Depois da coleta dos dados de todas as partidas, foi feita uma tabulação, na qual se fez o somatório das ações individuais de cada atleta, ou seja, todas as ações deles foram somadas para se obter os números absolutos durante o jogo e, assim, facilitar a análise.

Também foram incluídas na análise os somatórios do volume total das ações (somatório de todas as ações), o número de passes, a porcentagem de passes errados, o somatório das ações positivas (passe certo e erros forçados), as ações negativas (soma das outras ações) e a diferença entre as ações positivas e as negativas, para tentar fornecer mais informações sobre o desempenho de cada equipe.

Com os dados distribuídos, fez-se uma análise estatística por meio do *software* BioEstat 5.0, usando a "Matriz de Correlação", para identificar possíveis correlações entre as variáveis avaliadas no *scout*.

Por meio dessa análise estatística, procurou-se por correlações entre todos os índices avaliados no *scout*. Nessa análise, foram condensadas algumas outras ferramentas analíticas, entre as quais a correlação de Pearson (Tritschler, 2003).

9.3 *Scout* do 2º Campeonato Brasileiro de *Rugby* em Cadeira de Rodas

No torneio, foram levantados os seguintes dados:

Tabela 9.1 – Totalização do 2º Campeonato Brasileiro de *Rugby* em Cadeira de Rodas

Final	Equipe	PC	PE	ER	EF	4C	10S	10C	12S	VQ	F	G	GS	V
1º	A	283	30	44	264	4	2	4	2	2	8	159	73	802
2º	B	409	58	27	66	2	6	0	3	5	14	130	126	724
3º	C	590	77	71	147	2	5	1	7	9	12	136	144	1.057
4º	D	350	102	74	155	2	1	4	9	7	23	67	168	821
5º	E	357	68	57	128	1	0	1	2	2	16	131	116	763

Em que: **PC** – Passe certo; **PE** – Passe errado; **ER** – Erros de recepção; **EF** – Erros forçados; **4C** – Quatro na chave; **10S** – 10 segundos com posse de bola; **10C** – 10 segundos na chave de ataque; **12S** – 12 segundos na quadra defensiva; **VQ** – Voltar quadra; **F** – Faltas; **G** – Gols; V – Volume de jogo.

Observação: na análise de dados, também foi incluída uma interpretação da soma das ações positivas (PC + EF + G) e das ações negativas (PE + ER + 4C + 10C + 10S + 12S + VQ + F).

Dentre as correlações feitas no levantamento, é possível afirmar que a equipe que teve o volume de jogo (posse de bola) maior saiu vitoriosa G x V ($r = 0{,}7775$ e $p < 0{,}001$), uma relação que parece lógica, mas observando que a equipe que teve maior repertório em quadra, realmente venceu, e que aquela que mais induziu o adversário ao erro teve maior volume – EF × V ($r = 0{,}7404$ e $p < 0{,}001$) – vê-se a importância do ato de pressionar o adversário.

Mesmo sem o contato direto entre os atletas, marcar na quadra defensiva do adversário é uma forma de pressioná-lo, pois há algumas regras, como a de *Doze segundos*, 12S x A N ($r = 0{,}8293$ e $p < 0{,}001$), que, se infringida, dá direito de posse de bola para a outra equipe; ou seja, se uma equipe pressionar o adversário no campo de defesa, impedindo-o de progredir ao ataque, adotará uma forma eficaz de recuperar a posse de bola, fator determinante para a vitória.

Voltar quadra também é um índice que pode influir nas ações negativas: VQ x A N ($r = 0{,}836$ e $p < 0{,}001$). Afinal, quando se infringe essa regra, a equipe perde a posse de bola, o que acarreta o aumento do volume de jogo do adversário e, geralmente, leva aos gols.

Analisando por essa mesma lógica, o índice *Quatro na chave* parece não ter relação direta com os gols ou com o volume de jogo, bem como com as outras infrações que causam a exclusão de atletas. Entretanto, sua relação indireta parece bastante significativa, devido ao fato de que, sem um jogador em quadra, há maior chance de se sofrer gols, ou de se fazer cada vez mais ações negativas, pois há uma tendência de o adversário pressionar mais a equipe em inferioridade numérica, como mostra a relação F x A N ($r = 0{,}8749$ e $p < 0{,}001$).

Enfim, as relações que aumentam as ações negativas de uma equipe (10S, 12S, VQ, 10C, 4C, F), com ou sem relação direta, podem levar a um aumento do volume de jogo do adversário V x A N ($r = 08761$ e $p < 0{,}001$).

Já o índice *Passes certos*, apesar de sua relação direta com o volume de jogo ($r = 0{,}9301$ e $p < 0{,}001$), não tem relação direta com os gols, pois foram computados nesse índice as reposições de bola, e não apenas os passes com a bola em jogo; por isso a ocorrência de um número muito grande de passes certos em alguns jogos, mas sem objetividade ofensiva, causando a falta de relação direta com os gols.

Então, é possível afirmar que *Erros forçados* é o índice determinante para o desempenho nessa competição, pois é o responsável direto pelos erros do adversário, que levam ao aumento do volume da própria equipe, o que pode acarretar em maior número de gols.

9.4 Aplicabilidade

O RCR é um esporte coletivo como outro qualquer, pois seus elementos contemplam as invariantes e os princípios operacionais (Bayer, 1992).

São funções das ferramentas de análise de jogo ter informações acerca dos aspectos das relações entre os jogadores; de seu comportamento em quadra; do quanto eles entendem sobre as regras e de como se aproveitam delas; do adversário; de quais são seus pontos fracos; de como conseguir se aproveitar deles.

A ferramenta apresentada é um estudo inicial, de caráter quantitativo, mas as análises que permite são o elemento que pode fazer a diferença no treinamento.

Se um técnico compreende a utilidade da marcação por pressão, por exemplo, de que esta, se bem conduzida nos treinos, pode ser de grande vantagem na hora de um jogo oficial, ele passa a entender a necessidade de um preparo físico bem feito, para que seu time jogue sempre no campo de ataque, sem deixar que o adversário jogue. Por isso, exige-se que todos os jogadores, não importando a classe funcional, elevem seu nível técnico a um patamar superior, pois os jogadores de classificação funcional baixa (0,5 a 1,5) têm de bloquear constantemente os jogadores de classificação alta (2,0 a 3,5), ou seja, o técnico passa a especificar mais seu treino.

Isso não significa que não deva ocorrer a marcação na chave, ou uma marcação mais calma, por assim dizer. Um time eficiente, que não deixa o adversário jogar, faz sua progressão ao ataque, sempre pressiona, fazendo o adversário perder a posse de bola e cometer faltas: essa é a maneira como as equipes de ponta devem jogar.

A ferramenta apresentada serve para se averiguar as necessidades técnicas individuais, em que ponto os jogadores precisam melhorar, servindo como parâmetro ao técnico no planejamento pedagógico do time, para equilibrar a preparação física com a técnica.

A análise dos dados demonstra que as equipes participantes dão pouca importância ao treino técnico-tático, considerando o grande número de erros disciplinares (4C, 10C, 10S, 12S, VQ, F) que acarretaram perdas ofensivas e defensivas, o que demonstrou ser determinante para o desempenho de um time. A equipe que soube pressionar e usar essa deficiência dos adversários errou menos e se saiu melhor. Essas análises são importantes, pois permitem aos técnicos planejar adequadamente os treinamentos, a fim de corrigir os pontos fracos.

Referências

Bayer, C. *La Enseñanza de los juegos deportivos colectivos*: baloncesto, fútbol, balonmano, hockey sobre hierba y sobre hielo, rugby, balonvolea, waterpolo. 2. ed. Barcelona: Hispano Europea, 1992.

Calegari, D. R. et al. Análise de desempenho em equipes de handebol em cadeira de rodas (HCR). In: Congresso brasileiro de educação especial, 3., 2008, São Carlos. *Anais...*, São Carlos, 2008.

Tritschler, A. K. *Medida de Avaliação em Educação Física e Esportes de Barrow e McGee*. 5. ed. Tradução de Márcia Greguol. Revisão científica de Roberto Fernandes da Costa. Barueri: Manole, 2003.

Leitura recomendada

Argentin, R. et al. Quantificação da distância percorrida, velocidade média e máxima em um jogo de rugby em cadeira de rodas: estudo piloto. *Caderno de Educação Física e Esporte*, v. 11, p. 57-63, 2013.

Associação Brasileira de Rugby em Cadeira de Rodas. Disponível em: <www.rugbiabrc.org.br>. Acesso em: 02 nov. 2009.

Barros Filho, T. E. P. Perspectivas de Regeneração da Lesão Medular. In: Greve, J. M. D.; Casalis, M. E. P.; Barros Filho, T. E. P. (Org). *Diagnóstico e Tratamento da Lesão da Medula Espinal*. São Paulo: Roca, 2001.

Brasil. *Constituição Federal*, 1988. Artigo 217, título VIII, capítulo III, sessão III.

Brasil, Ministério dos Esportes. *Bolsa atleta*. Disponível em: <http://portal.esporte.gov.br/snear/bolsaAtleta/como_participar.jsp>. Acesso em: 20 nov. 2009.

Campos, L. F. C. C. *Avaliação da composição corporal em atletas com lesão medular*. Trabalho de conclusão de curso (Graduação em Educação Física) – Faculdade de Educação Física. Universidade Estadual de Campinas. Campinas, 2009.

Comitê Paralímpico Brasileiro. Disponível em: <www.cpb.org.br>. Acesso em: 02 nov. 2009.

Costa e Silva, A. A. et al. Esporte adaptado: abordagem sobre os fatores que influenciam a prática do esporte coletivo em cadeira de rodas. *Revista Brasileira de Educação Física e Esporte*, v. 1, p. 1-10, 2013.

De Rossi, G. et al. Physical Activity and Improved Diastolic Function in Spinal Cord-Injured Subjects. *Medicine and Science in Sports and Exercise*, v. 1, p. 1-1, 2013.

Flores, L. J. F. et al. Avaliação da potência aeróbia de praticantes de Rugby em Cadeira de Rodas através do teste de quadra. *Revista de Educação Física*, v. 19, p. 368-377, 2013.

FLORES, L. J. F. et al. Respostas cardiovasculares e avaliação da potência aeróbia em pessoas com lesão da medula espinhal. *Revista Brasileira de Atividade Física e Saúde*, v. 18, p. 145-155, 2013.

GORLA, J. I.; CAMPANA, M. B.; CAMPOS, L. F. C. C. Rugby em Cadeira de Rodas. In: MELLO M. T.; Winckler C. (Org.). *Esporte Paralímpico*. 1. ed. São Paulo: Atheneu, 2012, v. 1, p. 237-245.

GORLA, J. I.; CAMPANA, M. B.; OLIVEIRA, L. Z. *Teste e Avaliação em Esporte Adaptado*. São Paulo: Phorte, 2009.

GORLA, J. I. et al. Correlação da classificação funcional, desempenho motor e comparação entre diferentes classes em atletas praticantes de rugby em cadeira de rodas. *Revista Brasileira de Ciência e Movimento*, v. 20, p. 25-31, 2012.

______. Validação da bateria "Beck" de testes de habilidades para atletas brasileiros de "rugby" em cadeira de rodas. *Revista Brasileira de Educação Física e Esporte*, v. 25, p. 467-480, 2011.

GOUVEIA, R. B. *Análise do Desempenho de Atletas de Rugby em Cadeira de Rodas Através de Scout*. 2009. 36f. Trabalho de Conclusão de Curso (Graduação e Educação Física) – Faculdade de Educação Física, Universidade Estadual de Campinas, Campinas, 2009.

GOUVEIA, R. B. et al. Análise de Desempenho das Equipes Participantes do II Campeonato Brasileiro de Rugby em Cadeira de Rodas. CONGRESSO DE CIÊNCIA DO DESPORTO, 3. SIMPÓSIO INTERNACIONAL DE CIÊNCIA DO DESPORTO, 2., 2009, Campinas. *Anais...*, Campinas, nov. 2009.

GREVE, J. M. D.; DE CASTRO, A. W. Avaliação Clínica e Funcional da Lesão Medular – Índices Motores e Sensitivos e Funcionais Utilizados. In: GREVE, J. M. D.; CASALIS, M. E. P.; BARROS FILHO, T. E. P. (Org.). *Diagnóstico e Tratamento da Lesão da Medula Espinal*. São Paulo: Roca, 2001a.
GUMBERT, W. *Wheelchair rugby*. Atlanta: Blazer Sports Clubs of America, 2004.

IWRF. *International Rules for the Sport of Wheelchair Rugby*, 2008. Disponível em: <http://www.iwrf.com/resources/Wheelchair_Rugby_International_Rules_2010_%28Portuguese%29.pdf>. Acesso em: 16 jun. 2012.

International Paralympic Committee. *Classification code and international standards*, 2007.

International Paralympic Committee. Disponível em: <http://www.paralympic.org/paralympic-games/athens-2004>. Acesso em: 25 jan. 2013.

Katch, V. L.; Freedson, P. S. Body size and shape: Derivation of the "HAT" frame size model. *Am. J. Clin. Nutr.*, v. 36, n. 4, p. 669-75, 1982.

Matos-Souza, J. R. et al. Physical activity is associated with improved subclinical atherosclerosis in spinal cord injury subjects independent of variation in traditional risk factors. *International Journal of Cardiology*, v. 1, p. 592-593, 2013.

Organização Mundial da Saúde. *Classificação Internacional de Funcionalidade, Incapacidade e Saúde*. Lisboa, 2004. Disponível em: <www.fenacerci.pt/canal1/cif.pdf>. Acesso em: 09 jun. 2007.

Organização das Nações Unidas. *Draft Convention on the Rights of Persons With Disabilities*, p. 5, 2006. Disponível em: <http://www.un.org/esa/socdev/enable/rights/ahc8adart.htm#art2>. Acesso em: 26 jan. 2009.

Paim, L. R. et al. Oxidized low-density lipoprotein, matrix-metalloproteinase-8 and carotid atherosclerosis in spinal cord injured subjects. *Atherosclerosis*, v. 1, p. 1-20, 2013.

Silva, A. A. C.; Gorla J. I.; Trevisan, L. Avaliação motora em esporte adaptado. *Manual de Avaliação Física*. 2. ed. São Paulo: Ícone, 2012, v. 1, p. 223-242.

Silva, A. R. et al. Qualidade de Vida e Independência funcional de Lesados Medulares. *Revista Eletrônica Gestão & Saúde*, v. 4, p. 279-292, 2013.

Sposito, M. M. M. Paraplegia por Lesão Medular: Estudo Epidemiológico em Pacientes Atendidos para Reabilitação. *Rev. Paul. Med.*, n. 104, v. 4, p. 196-202, 1986.

Thiollent, M. Metodologia da Pesquisa-Ação. 5. ed. São Paulo: Cortez, 1992.

Valent, L. J. M. et al. The Individual Relationship Between Heart Rate and Oxygen Uptake in People with Tetraplegia During Exercise. *Spinal Cord*, v. 45, p. 104-11, 2006.

Anexo I – Ficha de coleta de dados

Data da Avaliação: __/__/______

Nome		
Idade		
Tempo de treino		
Nível de lesão		
Tempo de manejo de bola	1ª: ____________________	2ª: ____________________
Teste de precisão de passes	1ª: ____________________	2ª: ____________________
Teste de desempenho de bloqueio	1ª: ____________________	2ª: ____________________
Teste de velocidade de 20 metros	1ª: ____________________	2ª: ____________________
Teste de passes de longa distância	1ª: ____________________	2ª: ____________________
Observações	____ ____ ____ ____	

Anexo II – Planilha de *scout*

Scout de Partida de *Rugby* em Cadeira de Rodas

Competição:	
Equipe:	
Data do jogo:	

Nome do Jogador	Pontuação	Nº	Erros de Passes	Erros de Recepção	12s	10s	10s na chave	4s na chave	Erros Forçados	Erros não Forçados	Cone	Faltas	Voltar Quadra	Gols

Sobre os colaboradores

Anselmo de Athayde Costa e Silva

Doutorando em Atividade Física Adaptada pela FEF/Unicamp.

Mestre em Atividade Física, Adaptação e Saúde pela FEF/Unicamp, bolsista CNPq.

Membro do Grupo de Estudos e Pesquisa em Avaliação Motora Adaptada – FEF/Unicamp.

Bolsista Capes.

Décio Roberto Calegari

Professor do Departamento de Educação Física da UEM/PR.

Doutor em Educação Física pela Faculdade de Educação Física da Unicamp. Área de concentração: Atividade Física, Adaptação e Saúde. Mestre em Educação Brasileira pela UFMG.

Membro do Grupo de Pesquisa em Avaliação Motora Adaptada – FEF/Unicamp.

Coordenador do Grupo de Estudos em Esportes Adaptados – UEM/PR.

Presidente da Associação Brasileira de Handebol em Cadeira de Rodas (Abrahacar).

Edison Duarte

Professor do Departamento de Estudos da Atividade Física Adaptada – FEF/Unicamp.

Doutor em Atividade Física Adaptada – FEF/Unicamp.

Leonardo Trevisan Costa

Doutorando em Atividade Física Adaptada pela FEF/Unicamp.

Mestre em Atividade Física, Adaptação e Saúde pela FEF/Unicamp.

Membro do Grupo de Estudo e Pesquisa em Avaliação Motora Adaptada.

Professor do Centro Universitário de Votuporanga (Unifev).

Luis Felipe Castelli Correia de Campos

Doutorando em Atividade Física Adaptada pela FEF/Unicamp.

Mestre em Atividade Física Adaptada pela FEF/Unicamp.

Membro do Grupo de Estudos e Pesquisa em Avaliação Motora Adaptada – FEF/Unicamp.

Luís Gustavo de Souza Pena

Mestre em Atividade Física Adaptada pela FEF/Unicamp.

Membro do Grupo de Estudos e Pesquisa em Avaliação Motora Adaptada – FEF/Unicamp.

Marília Passos Magno e Silva

Graduada em Fisioterapia pela Universidade da Amazônia.

Doutoranda em Atividade Física, Adaptação e Saúde pela FEF/Unicamp.

Fisioterapeuta do Comitê Paralímpico Brasileiro.

Membro do Grupo de Estudo e Pesquisa em Avaliação Motora Adaptada – FEF/Unicamp.

Fisioterapeuta do Comitê Paralímpico Brasileiro.

Bolsista CNPq.

Moyses M. S. de Sant'Anna

Doutor em Fisioterapia Clínica e Experimental pela Universidade Estadual do Rio de Janeiro (UERJ).

Classificador funcional de *Rugby* adaptado pela IRWF (2008-2010).

Membro do Colégio Brasileiro de Ciências do Esporte desde 1994.

Fundador da Associação Brasileira de Rugby em Cadeira de Rodas (ABRC) e do *Rio Quad Rugby Clube* (RQRC).

Rafael Botelho Gouveia

Mestre em Atividade Física Adaptada pela FEF/Unicamp.

Membro do Grupo de Estudos e Pesquisa em Avaliação Motora Adaptada – FEF/Unicamp.

Sobre o Livro
Formato: 15,5 x 23 cm
Mancha: 10,8 x 18,0 cm
Papel: Offset 90 g
nº páginas: 232
Tiragem: 2.000 exemplares
1ª edição: 2014

Equipe de Realização
Assistência editorial
Liris Tribuzzi

Assessoria editorial
Maria Apparecida F. M. Bussolotti

Edição de texto
Gerson Silva (Supervisão de revisão)
Roberta Heringer de Souza Villar (Preparação do original, copidesque e revisão)
Dyda Bessana e Diego Hungria (Revisão)

Editoração eletrônica
Estefânia Mariano Lorenzetti (Projeto gráfico e diagramação)
Évelin Kovaliauskas Custódia (Capa)
Ricardo Howards (Ilustrações)

Fotografia
Joon Ho Kim (Foto de capa)
Alexandre Keiji Taniguchi (Modelo)

Impressão
Edelbra Gráfica